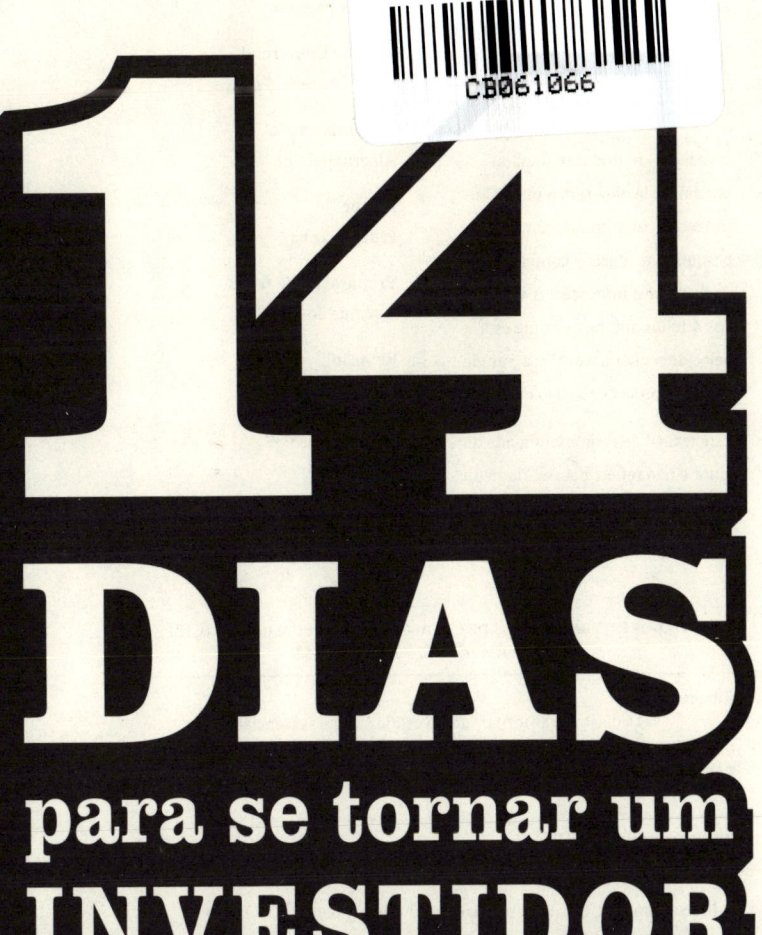

14 DIAS
para se tornar um INVESTIDOR

Copyright © 2025
por William Ribeiro

Todos os direitos desta publicação reservados à Maquinaria Sankto Editora e Distribuidora LTDA.
Este livro segue o Novo Acordo Ortográfico de 1990.

É vedada a reprodução total ou parcial desta obra sem a prévia autorização, salvo como referência de pesquisa ou citação acompanhada da respectiva indicação. A violação dos direitos autorais é crime estabelecido na Lei n.9.610/98 e punido pelo artigo 194 do Código Penal.

Este texto é de responsabilidade do autor e não reflete necessariamente a opinião da Maquinaria Sankto Editora e Distribuidora LTDA.

Diretora-executiva
Renata Sturm

Diretor Financeiro
Guther Faggion

Diretor Comercial
Nilson Roberto da Silva

Administração
Alberto Balbino

Editor
Pedro Aranha

Preparação de texto
Amanda do Valle

Revisão
João Lucas Z. Kosce

Direção de Arte
Rafael Bersi

Marketing e Comunicação
Matheus da Costa, Bianca Oliveira

DADOS INTERNACIONAIS DE CATALOGAÇÃO NA PUBLICAÇÃO (CIP)
ANGÉLICA ILACQUA – CRB-8/7057

Ribeiro, William
    14 dias para se tornar um investidor : o guia essencial para o investidor iniciante / William Ribeiro. -- São Paulo : Maquinaria Sankto Editora e Distribuidora Ltda, 2025.
    192 p.

ISBN 978-85-94484-68-0

1. Investimentos 2. Finanças pessoais 3. Educação financeira I. Título

25-0901   CDD 332.024

ÍNDICES PARA CATÁLOGO SISTEMÁTICO:
1. Investimentos

Rua Pedro de Toledo, 129 – Sala 104
Vila Clementino – São Paulo – SP, CEP: 04039-030
www.mqnr.com.br

WILLIAM RIBEIRO
PREFÁCIO POR EDUARDO FELDBERG (PRIMO POBRE)

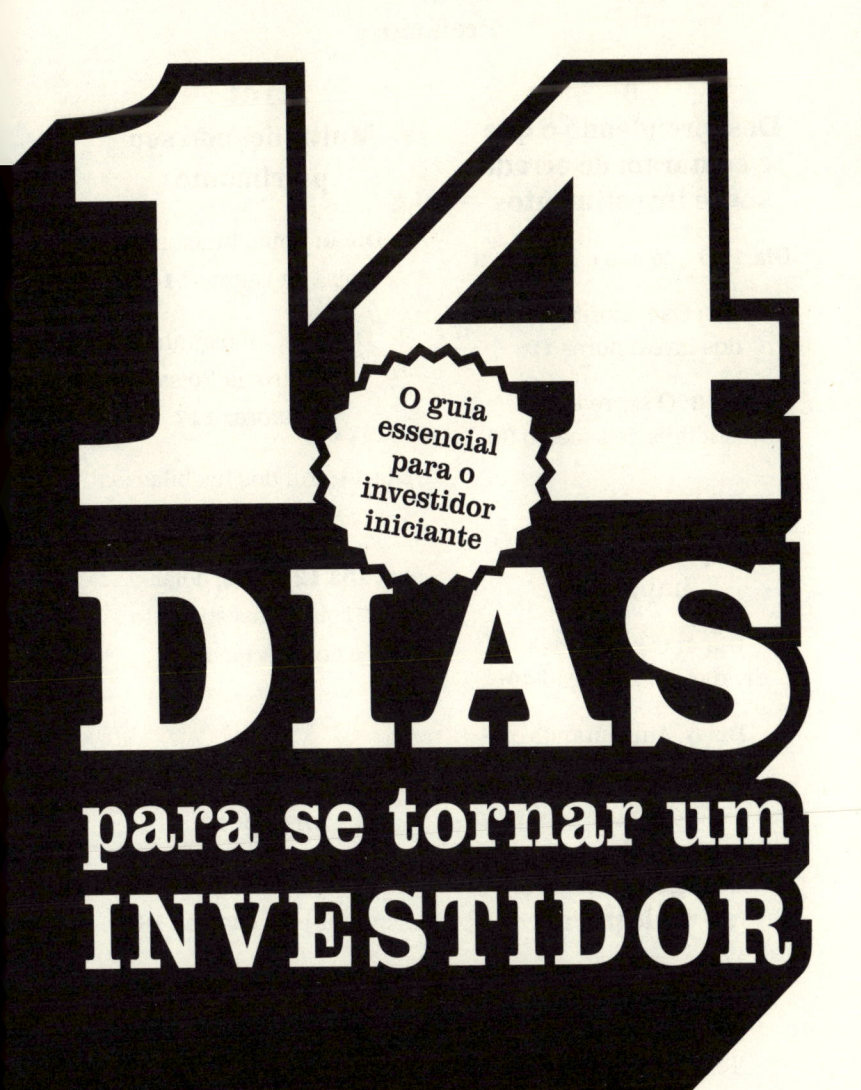

14 DIAS para se tornar um INVESTIDOR

O guia essencial para o investidor iniciante

mqnr

SUMÁRIO

6
Prefácio

9
Desaprendendo o que te contaram de errado sobre investimentos

Dia 1: O que não é investir **9**

Dia 2: Os maiores erros dos investidores **19**

Dia 3: O segredo dos investidores de sucesso **30**

40
O que realmente importa

Dia 4: O perigo das dívidas e da inflação **40**

Dia 5: Aumentando os aportes **51**

63
Protegendo antes de multiplicar

Dia 6: A reserva de paz **63**

Dia 7: O mapa do Tesouro Direto **74**

Dia 8: Ganhar dinheiro com a renda fixa **87**

101
Multiplicando seu patrimônio

Dia 9: Como funciona a Bolsa de Valores? **101**

Dia 10: Como ganhar dinheiro na Bolsa de Valores **117**

Dia 11: Fundos imobiliários e imóveis **131**

Dia 12: Ouro, dólar, Bitcoin, e investimento no exterior **144**

160
Uma vida mais próspera

Dia 13: Estratégias para investir com sucesso **160**

Dia 14: Como montar uma carteira de investimentos na prática **177**

Se você precisar de mais ajuda para investir **189**

DEDICATÓRIA

À minha família, que, com amor e apoio incondicional, sempre esteve ao meu lado. Obrigado por acreditarem nos meus sonhos desde o começo, mesmo quando eu duvidava se iriam se concretizar.

A Deus, que me concede a honra de trilhar este caminho e a responsabilidade de tocar vidas que eu jamais imaginei alcançar. Sua Graça me sustenta e me lembra, todos os dias, que nada é impossível para quem crê — e eu sou a prova viva de que Ele realiza o inimaginável.

Aos meus seguidores, que incentivaram meu trabalho durante todos esses anos. Cada curtida ou comentário foi fundamental para eu estar aqui hoje e não ter desistido.

A todos os colaboradores que já passaram pelo *Dinheiro com você*, meus agradecimentos por dedicarem parte de suas vidas para transformar e melhorar outras vidas no Brasil afora.

Aos amigos da Maquinaria Editorial, em especial à Renata Sturm e ao Pedro Aranha, obrigado pela paciência e dedicação em fazer esta obra chegar até os leitores.

Por fim, se me foi concedida a graça de ter mais recursos do que preciso para o dia de hoje, que eu jamais enterre esses talentos, mas os multiplique com sabedoria, amor e generosidade. Amém!

"Em tudo dai graças; porque esta é a vontade de Deus em Cristo Jesus para convosco." (1 Tessalonicenses 5:18)

PREFÁCIO

POR EDUARDO FELDBERG

Não sei você, mas desde criança eu ouvi muitas vezes a famosa expressão "dinheiro não dá em árvore". Normalmente, eu ouvia isso após pedir dinheiro a algum familiar, para comprar doces na venda da esquina, e como essa frase limitava meus desejos infantis, eu - no auge dos meus sete anos - sempre pensava: por que ninguém inventou uma árvore de dinheiro até hoje? Lembro-me até de um episódio do meu seriado preferido, em que a Chiquinha convencia o Chaves de que, se ele plantasse uma moeda num vaso cheio de terra, conseguiria colher mais moedas para poder comprar muitos algodões doces. Um sonho parecido com o meu, mas a verdade é que era apenas um golpe da esperta filha do Seu Madruga e o pobre do Chaves ficou mais pobre ainda.

Porém, com o passar do tempo e com algum estudo, descobri que existe sim uma "árvore" que dá dinheiro. Essa árvore se chama INVESTIMENTO: quanto mais dinheiro você investe (planta), mais dinheiro recebe (colhe). Por mais que muita gente pense que esse tema é complexo e inacessível, meu amigo William Ribeiro se dispôs a provar o contrário neste excelente livro que você vai devorar em poucos dias.

Tive o prazer de conhecer esse mineiro há alguns anos, durante a gravação de uma live, e de lá para cá pude aprender muito com ele sobre o mundo das finanças e negócios, tanto pessoalmente quanto através de seu canal, *Dinheiro com você*, que é um dos maiores e mais relevantes canais de educação financeira do país, com mais de um milhão de inscritos, inclusive eu.

O William teve a excelente ideia de transmitir por escrito diversas lições e conhecimentos sobre o mundo dos investimentos. Assim, o leitor pode ler um capítulo por dia e, ao final de apenas duas semanas, saber mais do que 90% dos brasileiros sobre a arte de multiplicar o dinheiro que ganha. E apesar de ser um período curto, o aprendizado será intensivo!

Nas próximas páginas, você aprenderá sobre a importância de fazer o maior investimento, que é o investimento em si mesmo, mas também diversas lições sobre o mercado financeiro. Você entenderá a diferença entre os investimentos de renda fixa e de renda variável. Conhecerá detalhes sobre o investimento mais seguro do Brasil, mas também os riscos e as vantagens das ações e ETF's. Vai receber boas dicas sobre investimentos em imóveis e até mesmo sobre o DPGE, que, sinceramente, nem eu tinha ouvido falar dessa peste e agora aprendi mais essa para ensinar no meu canal.

Como o William afirma neste livro, "investir significa multiplicar o dinheiro que não foi gasto, em prol do seu futuro", e se tem uma característica visível nas pessoas que enriqueceram é a habilidade de equilibrar uma vida de qualidade hoje com um bom preparo para o dia de amanhã. Com um pouco de paciência, disciplina e o conhecimento compartilhado neste livro, dentro de dez a quinze anos você já poderá ter uma boa renda passiva mensal e passar a ganhar dinheiro "sem ter que suar a testa", usando as palavras do autor, alcançando a tão sonhada independência financeira muito antes do previsto.

É certo que, quanto mais nos aprofundarmos no estudo, melhores investidores seremos, mas o autor nos proporciona a vantagem de aprender sobre muita coisa em tempo recorde, com uma excelente didática e bom humor. Então comece logo a leitura. Em catorze dias (eu li o livro todo em dois), você estará muito mais encorajado e preparado para multiplicar o dinheiro que ganha trabalhando. Além disso, vai se ver enriquecendo a cada dia, para ter a vida que merece ter.

Bendita a hora em que o William decidiu mudar de área e, em vez de fabricar relógios de ponto, começou a despertar brasileiros que dormiam no ponto a empreenderem, investirem e mudarem de vida. Sim... Esse foi o melhor trocadilho que pensei.

— Eduardo Feldberg
Criador do canal Primo Pobre e autor best-seller com o livro *Deixe de ser pobre*

CAPÍTULO 1

DESAPRENDENDO O QUE TE CONTARAM DE ERRADO SOBRE INVESTIMENTOS

DIA 1: O QUE NÃO É INVESTIR

Será que você sabe mesmo para que servem os investimentos? Se eu fosse perguntar por aí, aposto que a maioria das pessoas soltaria um sonoro "sim". Mas, curiosamente, minha experiência com educação financeira me diz o contrário: muita gente *acha* que sabe, mas não faz ideia do que está falando.

Por mais que ninguém admita, muitos ainda veem o investimento como uma pílula mágica do tipo "fique rico agora". Infelizmente, o único jeito de ficar rico rápido é se você já nasceu rico – porque, caso contrário, o que vem rápido mesmo é a pobreza.

Ok. Também dá para enriquecer num golpe de sorte, como ganhar na Mega-Sena. É uma pena que seja três mil vezes mais provável ser atingido por um raio ao longo da vida do que acertar os seis números. É... eu acho que você vai preferir ter outro plano.

> **Investir significa multiplicar o dinheiro que não foi gasto em prol do seu futuro.**

A partir desta frase, já podemos tirar algumas conclusões. Dinheiro não gasto significa que você ganhou mais do que precisou para sobreviver. Ou seja, o seu salário não acabou no meio do mês. Sobrou uma graninha, uma diferença entre o que você ganhou e o que você gastou.

Acontece que a matemática não perdoa: qualquer coisa multiplicada por zero dá zero. Não existe investimento sem poupança (estou falando de guardar dinheiro, não da caderneta). Investimento não faz milagre com pouco dinheiro guardado, muito menos de hoje para amanhã.

Vamos então para o segundo ponto: o *futuro*. Para quem ganha pouco, o futuro pode ser o almoço de amanhã, eu sei. Mas ganhar pouco por si só não explica tudo. Nem justifica. De um jeito ou de outro, o futuro vai chegar para todo mundo, e ele não dá a mínima para o seu saldo bancário. O Serasa também está pouco se lixando para isso.

Riqueza pode não ser aquilo que os olhos veem

Veja só: ganhar bem não é garantia de nada. Tem bastante "rico" por aí que na verdade está endividado ou não tem um real guardado sequer. Aliás, "dublê de rico" seria o termo mais apropriado: a pessoa anda de carrão, tem uma casa bacana, mas está com o nome mais sujo do que pau de galinheiro. Tudo para manter as aparências de uma vida de glamour e sofisticação.

O luxo em si não é problema. A burrice está na ostentação, em tentar mostrar para os outros que você se deu bem na vida sem ter condições para isso. E o pior: quase sempre essas pessoas que você tenta impressionar são desconhecidas e não dariam a mínima caso você não existisse amanhã.

> **Nunca se esqueça de que o objetivo é *ser* rico. Se ficar tentando bancar uma vida de rico, você nunca vai construir riqueza de verdade.**

Até quem tem muito dinheiro muitas vezes não tem a paciência de esperar. E paciência, meu amigo, é algo muito raro, ainda mais nos dias de hoje em que tudo é para ontem. Mas no mundo dos investimentos paciência é fundamental.

Ah, mas investir rende tão pouco...

Não confunda *investimento* com *trabalho*. Sobretudo no curto prazo, o que rende de verdade é o **trabalho**. Se você vende paçoquinhas no semáforo, comprando sua mercadoria por 5 reais e revendendo a 10, você consegue 100% de lucro na hora, no momento em que faz a venda.

Compare isso com um investimento que rende 1% ao mês. No exemplo do preço da paçoca, o dinheiro renderia 5 centavos em 30 dias. Nada animador, não é mesmo?

É bem fácil olhar para essa merreca e chegar na conclusão de que investimento não vale a pena. Aliás, foi justamente o que o meu filho Pietro, de 7 anos, me falou. Fiquei todo animado puxando uma conversa com ele sobre investir: contei que ele poderia economizar um pouco da mesada para que pudesse ter um dinheiro mais gordo para comprar algo mais caro no fim do ano. Falei da importância de não gastar tudo porque na hora que aparecer um joguinho bacana que ele goste, não teria de onde tirar o dinheiro para comprá-lo.

Mas lá veio o balde de água fria: "ah, pai, mas emprestar o dinheiro para os outros rende tão pouco e sei lá quem é essa pessoa, se vai me devolver". Pense na dor do educador financeiro em ouvir isso do próprio filho. Eu pensei assim: "tudo bem, as crianças não conseguem entender o que é o longo prazo". Eu estava errado: os *adultos* também não conseguem.

Nunca se esqueça de que o dinheiro que você recebe ao investir **não** veio do suor da sua testa, nem da sua queima de neurônios. É a tal **renda passiva** de que você já deve ter ouvido falar por aí. O outro ponto é justamente a paciência: desde que você consiga desenvolver essa virtude, os investimentos têm o poder de transformar seu dinheiro em sonhos realizados.

Se você conseguir guardar debaixo do colchão 500 reais por mês durante 20 anos, acumularia 120 mil reais no final do período (isso se os ratos e carunchos deixarem!). Ao passo que, se investir esse valor a uma taxa de 1% ao mês, já poderia se considerar um meio-milionário: chegaria a quase 500 mil reais de patrimônio.

O poder da diversificação

Investir é como plantar sementinhas de dinheiro, esperando que cresçam em uma árvore robusta e cheia de frutos, pronta para te sustentar quando você não puder ou não quiser mais trabalhar.

No entanto, não existe uma plantação perfeita, onde todas as sementes vão germinar, faça chuva ou faça sol. Em alguns terrenos a colheita vem rápido, mas são poucos os frutos. Em outros a espera é longa, e a safra pode ser grande – ou mesmo pode nunca acontecer. Pode ser que nunca chova numa plantação e as sementes plantadas nela se percam para sempre.

Por este motivo, o agricultor esperto tem sementes de todo tipo e as distribui por vários campos. Mas quando o assunto é investimento, as pessoas acham que devia ser diferente. Elas perguntam: "qual é o melhor investimento?" – a terrível pergunta que persegue todo educador financeiro de plantão.

É como querer ter só uma ferramenta na sua caixa. Vamos combinar: aquele serrote bacana não vai te ajudar a furar uma parede. E tentar fixar um parafuso com cola quente... boa sorte!

Investimentos são como ferramentas: **cada um serve para uma coisa**. Um para cada **objetivo financeiro**. Você não pega a furadeira sem saber o que vai fazer, certo? (Bom, espero que não!). Mas é com essa mesma lógica que muita gente pensa sobre investimentos. Elas procuram a ferramenta (o investimento) antes de saber o que querem consertar (os objetivos financeiros). Os objetivos financeiros devem sempre vir na frente: sua reserva de emergência, aposentadoria, estudo dos filhos. Não existe um investimento do tipo canivete-suíço, pau para toda obra.

Investir bem significa ter várias aplicações financeiras diferentes, justamente porque os objetivos financeiros não são iguais: alguns precisam de urgência e não podem conter riscos, em outros você pode esperar e arriscar um pouco mais.

Mas qual o MELHOR investimento?

Quando as pessoas procuram o "melhor investimento", o que elas realmente estão buscando é aquele que vai render mais. Acontece que tudo que aquilo que pode render bem tem um risco altíssimo escondido.

Pense comigo: das pessoas mais ricas que você conhece, provavelmente algumas são empresárias, certo? Com certeza o negócio delas rende bem. Mas você sabia que de cada dez empresas abertas recentemente no Brasil, metade não passa dos seus primeiros três anos?[1] Junto com as empresas que foram para a vala, vai embora também todo o patrimônio da vida destes empreendedores, sem contar com as possíveis dívidas feitas pelo caminho.

Outro exemplo: seu cunhado está pedindo dinheiro emprestado pela milésima vez. De diferente, dessa vez, ele jura de pés juntos que você vai ganhar 100% de lucro por ano, "garantido"! Qual a chance de isso dar certo?

⚠ **Olhar só para o retorno é uma armadilha. Tudo o que promete um retorno alto com certeza vem acompanhado de um risco alto. Fique com os dois**

---

[1] Fonte: https://oantagonista.com.br/brasil/o-tempo-de-vida-de-novas-empresas-no-brasil/

<u>olhos bem abertos, cuidando para que seu dinheiro não vá embora junto com suas roupas de baixo.</u>

As apostas e os esquemas de pirâmides

É por ficar olhando só para o retorno que as pessoas caem em ciladas e até em **pirâmides financeiras**, esquemas fraudulentos que só conseguem pagar rendimentos absurdos no comecinho, até que o estoque de desavisados acaba, deixando todo mundo na mão. Não adianta: tudo o que pode parecer bom demais para ser verdade com certeza é mentira. Basta pensar pelo outro lado: se você tem um negócio que consegue render mais de 10% ao dia, por que precisa do dinheiro dos outros? Não seria melhor embolsar esse dinheiro você mesmo? Por que vender a galinha dos ovos de ouro? Não seria mais fácil ir até o banco e pegar dinheiro emprestado – o que, embora seja caro, cobra juros bem menores do que isso?

Uma característica clássica das pirâmides financeiras é esta: promessas de ganhos absurdos em pouco tempo. Até pode dar certo no começo, porque o dinheiro usado para pagar os "investidores" vem justamente da chegada de gente nova no esquema. Tão logo isso acaba, o mundo do dinheiro mágico vira trágico.

E aqui, caro leitor, não importa se você é pobre ou rico: desde as pessoas pobres e menos esclarecidas até ricos como jogadores de futebol, ninguém está imune à tentação dos "esquemas egípcios" de empobrecimento rápido.

Sem contar a quedinha (se é que posso usar o diminutivo!) dos brasileiros por **apostas**. Pode não parecer, mas tem uma diferença absurda entre *acreditar* e *apostar*. O investidor prudente *acredita* que vai dar certo, claro (no Brasil, então, haja otimismo!), mas ele fica com um olho atento no risco. O longo prazo é amigo do investidor consciente: como ele controla os riscos, as suas chances de sucesso aumentam com o passar do tempo.

Já para quem *aposta*, bem... o fracasso é certo, é só deixar o tempo agir. As casas de apostas são absurdamente lucrativas porque sabem que basta que a vítima se vicie para que a estatística encarregue-se de subtrair todo dinheiro da pobre coitada.

O Relatório Raio-X do Investidor Brasileiro, realizado pela Ambima (7ª edição) mostrou que cerca de 22 milhões de brasileiros (14% da população acima de 16 anos) fizeram pelo menos uma aposta online em 2023. Não me entenda mal: não quero ser o chato moralista de plantão. Não tenho absolutamente nada contra o lazer, muito pelo contrário. A vida seria insuportável sem uma pausa para lubrificar as engrenagens, não é mesmo?

De vez em quando, um tempo para curtir é tudo o que a gente precisa. Se for só pela diversão, tudo bem, dinheiro também serve para comprar isso! Inclusive, 26% dos apostadores disseram que jogam apenas por diversão.

Quando você vai a um cassino em Las Vegas é fácil diferenciar o turista do viciado. Muito além da camiseta florida cafona e uma câmera fotográfica no peito, é o sorrisão no rosto e a zoeira com os amigos que revelam quem é o viajante. Para o apostador recorrente, porém, aquilo pode ser tudo, menos diversão. A pessoa só está ali para manter o vício.

É bem parecido com as drogas, em que, no começo, tudo é festa. Até que a empolgação dá lugar à adicção e à compulsão. E nesse ponto só há desgraça. Eu conheço histórias de gente que perdeu o patrimônio inteiro – e até suas vidas – nas apostas online e aplicativos como o maldito *Tigrinho*, que começaram como uma simples e inocente brincadeira.

O vício em apostas é tão preocupante e perigoso quanto o vício em drogas, já que a "fezinha" pode passar desapercebida pelo seu ciclo social, uma vez que não tem o mesmo estigma que o uso de substâncias. Seu vizinho ou até seu cônjuge pode estar viciado em apostas, endividado, e ninguém nem desconfia. A adicção aos jogos é tão real que, tal como existe o Alcoólicos Anônimos para o vício etílico, o Jogadores Anônimos acolhe aqueles que sofrem de Ludopatia, uma doença reconhecida pela OMS, caracterizada pelo vício em jogos.

Esse problema das apostas está tão disseminado na sociedade brasileira que as empresas têm se preocupado com a saúde mental dos funcionários e os impactos que a prática de apostar dinheiro tem trazido na vida pessoal, social e profissional deles. Ao longo desta jornada por uma boa educação financeira, tive a honra de realizar treinamentos para empresas como a Nestlé sobre como conscientizar os colaboradores sobre o risco das apostas, bem como treinar os gestores para identificar e acolher quem padece desse mal.

⚠ **Se você nunca apostou, não comece, não dê chances para o azar. Se não consegue parar de jogar, procure ajuda.**

Voltando à pesquisa do Raio-X do Investidor, ela mostra que a principal motivação para apostar é a "chance de ganhar dinheiro rápido em momentos de necessidade". Eu conto ou você conta?

Então, recapitulando: **investir não é apostar, não deixa ninguém rico no curto prazo e definitivamente não é colocar tudo em uma única empreitada.** O bom investidor tem paciência, diversifica, entende os riscos e protege o seu futuro com consciência.

Agora que você já sabe o que **não é** investir, vai ficar muito mais fácil quando a gente falar sobre **o que é** investir. E *spoiler*: envolve menos emoção e mais planejamento! Te vejo lá!

DIA 2: OS MAIORES ERROS DOS INVESTIDORES

"O risco vem de não saber o que você está fazendo"
– Warren Buffett

Preste atenção na dica do investidor mais famoso do mundo, Warren Buffett. A empresa dele, a Berkshire Hathaway, tem bilhões investidos nas maiores empresas do planeta, como a Apple, a Coca-Cola, e até o banco digital Nubank, nosso querido roxinho.

Vamos brincar de entender a filosofia do mestre Buffett pelo avesso:

O retorno vem de saber o que você está fazendo.

O problema é que muita gente acha que existe uma "verdade absoluta" nos investimentos. Todo mundo tem um conselho certeiro na ponta da língua, como se houvesse um investimento mágico que funcionasse para qualquer um. É só falar de dinheiro que alguém solta uma pérola: "Imóveis nunca falham."; "Bitcoin é o melhor negócio."; "Quer retorno garantido? Construa kitnets!"

É triste dizer, mas infelizmente não existe uma fórmula boa para todos e que funcione o tempo todo. Se imóveis fossem o melhor investimento do mundo, por exemplo, a Bolsa de Valores só teria ações de construtoras.

Aliás, existem várias empresas gigantes desse setor na bolsa. Se juntarmos aquelas mais negociadas e robustas, chegamos num índice chamado IMOB, o Índice Imobiliário. Nos últimos dez anos, essas empresas "renderam" 51,05%. Parece bom, não é? O problema é que a inflação foi 13% maior! Ou seja, prejuízo real. E essa desvalorização também pode acontecer com aquele imóvel em que você investiu aí na sua cidade.

Para comparar, imagine um investimento simples na **Renda Fixa** (que veremos em breve): ele teria rendido 140% no mesmo período, sem drama, sem susto e com muito menos dor de cabeça.

Claro, investir em imóveis pode ser um excelente negócio, mas isso está longe de ser garantido. A região pode se valorizar com a chegada de uma indústria ou de um shopping. Mas o imóvel também pode perder valor pelo aumento da violência na região ou pelos juros no Brasil, que parecem só andar para cima.

Sem falar que o dinheiro fica "amarrado": se precisar vender seu imóvel rápido, vai acabar aceitando a oferta do primeiro espertinho de plantão. Mesmo que você precise só de um pouquinho de grana, vai ter que vender tudo e por um preço mais baixo. Não dá para se desfazer só do quintal da sua casa.

E olha, nem estou falando aqui da casa própria. Essa é outra história: casa própria é um passivo, não um investimento – pelo menos não do jeito que muitos pensam. Uma casa de 500 mil reais poderia render 5 mil ao mês em uma aplicação de juros mensais de 1%. Então, se você mora nela, esses 5 mil reais deixam de pingar na sua conta, sem contar os gastos com manutenção que correm por sua conta.

> **Casa própria é mais um ativo emocional do que financeiro. Cabe a você decidir o peso desta conquista dentro do seu orçamento.**

Reforço que não existe certo ou errado; o que pode ser adequado ou não depende de um determinado momento da sua vida.

Mas as "certezas" que ouvimos sobre investimentos não param no ramo dos imóveis. Todo dia aparece alguém afirmando ter encontrado o Santo Graal dos investimentos: hoje é Bitcoin, amanhã é leilão ou consórcio, depois uma operação arriscada na bolsa que promete transformar tudo em ouro.

Na prática só existe um tipo de pessoa que ganha dinheiro investindo em uma *única* classe de investimento: aquela que **trabalha** nisso. Ela vive e respira o negócio. Conhece os riscos, já passou por todo tipo de situação, sabe exatamente os bons momentos para comprar ou para vender.

Então se você é um dentista, reconheça: seu negócio é sorriso. Deixe essa tarefa de "viver de bolsa" para a Louis Vuitton. Se é engenheiro, que tal deixar o patinete de especulador para os engravatados da Faria Lima? Cuidado para não cair no **viés de confirmação** – o famoso "sou bom em uma coisa, então vou ser bom em outra". Não é bem assim!

A verdade é que não dá para ser ótimo em tudo. Mesmo quem é craque na própria área se esforça muito para se manter atualizado. E convenhamos, investir seu tempo extra na sua profissão certamente vai dar mais retorno do que arriscar seu suado dinheiro em aventuras financeiras.

Assumir que não sabemos tudo é uma grande lição. Isso é especialmente importante no começo, quando só tocamos a pontinha do iceberg de um assunto. É só olhar para as redes sociais: cheias de gente com um conhecimento raso como um pires, mas dando conselhos como se fossem experts. É o que mostra o Efeito Dunning-Kruger: quanto menos se sabe, mais se *acha* que sabe.

Portanto, pegue leve nas certezas. No mundo dos investimentos, certeza demais é sinal de perigo. Não aposte todo o seu dinheiro naquilo que você acha que domina. Os cenários mudam e, quando a coisa aperta, só quem vive disso se segura (e às vezes nem mesmo eles).

A diversificação é o superpoder dos humildes. Mas, antes de tudo, temos que assumir: ninguém sabe de tudo.

Siga a manada (e se lasque!)

Imagine se você tivesse (se já não tem) a casa mais simples da vizinhança ou o carro mais velhinho do estacionamento da firma. Como você se sentiria? E sempre dá para piorar: todo mundo trocou de carro e comprou casa nova, tudo com os lucros de um investimento "milagroso" que, claro, só você ficou de fora.

E aí, doeu? Como explicaria para o seu cônjuge? Sem mentir, hein! Porque lá no fundo você sabe que não estaria tudo bem. Em inglês, esse sentimento é chamado de FOMO, *Fear of Missing Out*, mas eu gosto de traduzir para "o medo de ficar de fora da festinha do dinheiro fácil", quando se trata de um investimento financeiro.

É um sentimento impossível de ser ignorado e tem um motivo: seguir um líder foi fundamental para chegarmos vivos no dia de hoje. Imagine uma tribo diante de uma ameaça. A pior coisa que pode acontecer é ter um monte de gente com opinião diferente. Uns querendo lutar, outros fugir, uma galera propondo até fazer uma votação! A única coisa certa é que isso não vai acabar bem.

Mas, no mundo dos investimentos, seguir o coleguinha que ficou rico (ou pelo menos diz que ficou) é um dos maiores erros que você pode cometer.

Investimento é como roupa: o que serve bem em você, pode ficar ridículo em mim.

Quando o maior CPF da Bolsa Brasileira, a lenda Sr. Luiz Barsi Filho (a quem eu tive a honra de entrevistar no meu canal no Youtube) anunciou um investimento milionário na resseguradora IRB Brasil, não deu outra. Um monte de gente correu para copiar.

A triste realidade é que nem você e nem eu somos o Sr. Barsi. Nós não sabemos a estratégia dele, quanto tempo ele pretende ficar com esse investimento, nem quanto ele arriscou de verdade. *Ele* é o bilionário, a gente não.

O fato é que mesmo os especialistas erram – ninguém tem bola de cristal! "É difícil fazer previsões, especialmente sobre o futuro", já diria a frase famosa de algum desconhecido.

⚠ **É muito fácil ficar seduzido pelo sucesso alheio e pela euforia de um investimento que deu certo. A verdade, porém, é que é bem mais provável perder dinheiro tentando imitar os outros.**

Até mesmo quem vive do mercado financeiro costuma cair neste erro: é difícil não recomendar uma ação que não para de subir (embora já esteja em Marte). Melhor errar em grupo do que assumir o risco de acertar individualmente.

Neste momento em que escrevo, por exemplo, o Bitcoin está no maior valor da história, pela milésima vez. É quando as mensagens nas minhas redes sociais não param de pipocar: "Como faço para investir? Não me deixe fora dessa!".

O problema não é investir em Bitcoin, muito pelo contrário. A treta é que a pessoa decidiu investir apenas para seguir a onda de oba-oba do momento. E é exatamente este tipo de pessoa que tende a perder dinheiro quando o jogo muda. Até porque...

O desespero também é contagioso

O outro lado da moeda da euforia também consegue detonar seu dinheiro. E tem um nome "chique" em inglês também: FUD – *Fear, Uncertainty and Doubt*, mas aqui vamos chamar de "Frio na barriga, Urucubaca e Desespero". Sabe aquele momento em que tudo parece desmoronar e os investimentos só caem? Bem nessa hora, lá estão os especialistas recomendando vender, porque, afinal, nada está tão ruim que não possa piorar. E você sabe: no Brasil até o fundo do poço tem porão.

Lembro de uma história que vivi na crise do *Petrolão*, um dos maiores escândalos da nossa democracia. Um amigo meu estava pronto para investir uma boa grana nas ações da Petrobrás, que estavam em baixa histórica. Mas um analista de uma famosa corretora disse que essa seria uma péssima ideia. Resultado? A empresa se recuperou e hoje esse amigo teria virado milionário se tivesse seguido seu instinto em vez do conselho do analista. É desnecessário dizer que hoje esse amigo prefere ver o capiroto a ouvir falar o nome do analista. A empresa recuperou-se, mostrando que o Brasil é grande demais para quebrar, mesmo com todo o esforço dos nossos políticos.

No entanto, colocar dinheiro grande em uma ação só porque ela caiu não vai te fazer uma pessoa mais inteligente (ou necessariamente um bom investidor).

Há um erro em pensar que "quanto pior, melhor". A questão é que às vezes o mercado acionário apresenta uma diferença grande entre valor e preço.

Preço é o que você paga, valor é o que você leva para casa.

No curto prazo, o mercado é movido pelas expectativas, pelo humor. Certas quedas fazem sentido, pois refletem mudanças reais, mas outras são só uma fase ruim que a empresa tem totais condições de superar.

Comparando a Bolsa de Valores com o empreendedorismo, fica muito mais fácil de entender. Imagine que você é dono de uma padaria super lucrativa. Aí você escuta que o preço do trigo vai subir. Você pode pensar: "Caramba, meus custos vão aumentar. Vou ter que repassar para o preço do pãozinho e vou vender menos". Se a sua padaria fosse listada na bolsa, provavelmente seria um dia de queda no preço das ações.

Mas e se no outro dia a prefeitura anuncia um incentivo ao turismo? Com isso, mais gente passaria pela sua padaria e as ações iriam valorizar. Agora veja só: o padeiro não fica eufórico nem desesperado com essas notícias, certo? Porque ele sabe que faz parte do dia a dia. Nem dá tempo de parar para pensar se a padaria dele vale mais ou menos no dia de *hoje*. Ainda bem. A única diferença é que, se estivesse listada na bolsa, o mercado colocaria um preço na padaria a todo momento. O que poderia ser ótimo, porque qualquer pessoa pode virar seu sócio a qualquer momento. Na Bolsa de Valores, se precisar, até você mesmo pode se desfazer de uma pequena parte do seu negócio, coisa que é quase impossível para qualquer empresa tradicional.

> ⚠ **Oscilações das cotações na bolsa são normais, mas isso não quer dizer que a empresa piorou ou melhorou; apenas que as expectativas mudaram. E, acredite, girar o patrimônio com compra e venda baseadas só em notícias é o caminho mais curto para perder tudo. Quem gira demais, perde no fim.**

Notícias de momento não deveriam ser uma preocupação para você que quer ser sócio de uma empresa na bolsa. Quando você compra uma ação, está se tornando um pequeno dono de um grande negócio. E como o mercado vive entre picos de euforia e pessimismo, isso é refletido no sobe e desce das ações.

O noticiário não deve ser motivo para você comprar ou vender. Isso é coisa de especulador e acertar essa dança não é para qualquer um. Quem fica girando o patrimônio a toda hora, comprando e vendendo no embalo das manchetes, tem mais chance de acabar sem nada no fim.

Um exemplo recente: as ações do McDonald's caíram 5% após um surto de *E. coli* ligado ao sanduíche "Quarterão". Houve internações e até uma morte nos Estados Unidos. Foi uma tragédia humana, mas pense: você venderia suas ações só por causa desse evento? Será que o McDonald's deixou de ser uma boa empresa, deixou de ser capaz de produzir alimentos livres de contaminação? Você venderia as ações só porque caíram, com medo de ser o último a sair e ter que apagar a luz?

O pior é saber que a *mesma* pessoa que não vai deixar de comer no Méqui pode ser exatamente aquela que vai vender a ação em situações como essa. Vai entender, né?

⚠ **Investir acompanhando notícias vai te fazer comprar na alta (na euforia) e vender na baixa (no desespero).**

Quanto pior, melhor (só que não)

A maioria das pessoas esquece completamente essa ideia de ser sócio da empresa quando investe na bolsa. Como já falamos lá no Dia 1, muita gente ainda acha que a bolsa é o lugar certo para ficar rico rápido.

Investir? Nada disso! O que o povo quer mesmo é "pegar faca caindo", encontrar a fênix da bolsa – aquela empresa que vai ressurgir das cinzas e fazer o investidor ficar milionário.

Mas tem alguns probleminhas nessa lógica. Primeiro: vamos dizer que você acerte o golpe de sorte e este investimento multiplique o seu valor investido por cem vezes. Maravilha, né? Mas se você colocou só o troco da pinga ali, não vai fazer a menor diferença na sua vida. Para realmente ganhar algo, você teria que ter investido pesado em algo que todo mundo acha que é ruim, menos você (o iluminado)! E nessa você *apostou* seu dinheiro em vez de investir. Jogou contra as probabilidades ao acreditar em algo que, na verdade, tinha muito mais chances de ir para a vala do que para o céu. E quando dá certo, provavelmente você se sente vitorioso, abençoado pelo destino. Mas é pura sorte, e basta que você continue com esta "coragem" para que o patrimônio da sua família vire pó, exatamente como acontece nos cassinos.

A maior probabilidade *não* está na reviravolta, mas sim na continuidade, na inércia: o que é bom tem boas chances de continuar bom. Empresa ferrada tende a continuar ferrada.

Mas adivinha qual o tipo de empresa que a maioria das pessoas procura? Exatamente, aquela que quanto mais lascada, melhor! Se a empresa está em recuperação judicial, então... é aí que o brasileiro médio fica com os olhos brilhando!

Pensa comigo: imagine um cenário em que eu apareça com uma empresa quebrada, cheia de dívidas, e te ofereça uma sociedade... Vou adivinhar: você diria um sonoro "não, obrigado" na minha cara, né? Afinal, seu dinheiro não é capim! Por que, então, tanta gente age de forma totalmente contrária quando vai para a bolsa?

Olha esta história: um investidor pernambucano viu uma empresa sendo negociada em suas mínimas históricas e decidiu: vou encher a mão! Chegou a ter 80 milhões em ações desta empresa, a ponto de tornar-se um dos maiores acionistas, com 12,5% das ações.[2] Tenho certeza de que você conhece muito bem essa empresa: as Lojas Americanas. A queda nas ações foi justificadíssima, afinal, ela tinha sofrido um rombo bilionário devido a fraudes de alguns de seus antigos diretores.

Calma que piora: esse investidor corajoso que apostou a bolada na empresa só possuía uma única ação na sua carteira de investimentos: Lojas Americanas. "Eu acredito que a empresa vá mudar de patamar. Se o valor da ação baixar, eu posso comprar ainda mais",[3] disse o otimista investidor.

O tempo dirá se ele está certo ou não. Mas, quando escrevo, os quase 80 milhões dele foram evaporados para menos de 4 milhões – uma perda de 95%.

O segredo é não confundir investir com apostar. Comprar ativos de **valor** é o caminho: empresas boas e que dão lucro ou imóveis de qualidade. Na Bolsa de Valores, preço e valor podem até se descolar de vez em quando. Mas é muito mais inteligente não querer procurar diamante onde todo mundo só está vendo esterco.

---

2 Fonte: https://www.infomoney.com.br/business/fortuna-acionista-minoritario-americanas/
3 Fala do investidor, retirada da reportagem do G1 disponível em: https://g1.globo.com/economia/negocios/noticia/2024/07/16/quem-e-o-empresario-de-recife-que-comprou-125percent--das-acoes-da-americanas.ghtml. Acesso em 10 mar. 2025.

DIA 3: O SEGREDO DOS INVESTIDORES DE SUCESSO

Não correr riscos demais

Agora que já vimos o que evitar nos investimentos, é hora de entender o que deu certo para quem realmente conseguiu multiplicar suas economias ao longo do tempo. De cara, muita gente imagina que investidores de sucesso são heróis destemidos encarando riscos absurdos diariamente, como verdadeiros Indianas Jones do mercado financeiro. Mas a realidade não é bem assim!

Existem sortudos que apostaram tudo em uma única ação e viram a sorte bater à porta? Sim. Mas essas pessoas são exceções, não a regra. Quem arrisca tudo tem muito mais chances de falir do que progredir. Há uma grande glamourização das características de investidores e empreendedores bem-sucedidos. Afinal, você não iria se incomodar se fosse chamado de destemido, audacioso, ou corajoso, correto?

<u>Na subida do Everest existem centenas de corpos de pessoas altamente motivadas.</u>

Investir bem passa longe do "quanto mais arriscado, melhor". Ao contrário: a gestão estratégica dos riscos é o segredo dos investidores de sucesso.

Pense assim: investir é mais como uma maratona do que um tiro de cem metros. O segredo não é correr como um louco, mas sim continuar no jogo. Se você arriscar demais e perder tudo, acabou o jogo para você. E aí como voltar à partida? No mundo dos investimentos, se você arriscar demais é provável que o seu dinheiro acabe, ou pior, que você fique devendo. Fim de jogo.

Para fazer um investimento dar certo, às vezes basta que você continue no jogo. Aquela ação que você comprou pode se tornar a campeã da sua carteira – desde que você não precise do dinheiro dela para pagar o leite das crianças. A padaria que você abriu pode um dia dar lucro, desde que você tenha fôlego financeiro para mantê-la funcionando e melhorando ao longo do tempo.

Agora uma reflexão rápida: quanto tempo você estaria disposto a esperar para um investimento mudar a sua vida? Seja sincero.

O investimento que mudaria a sua vida não tem prazo para dar certo.

Olha como isso é forte. Vamos voltar ao exemplo da padaria que você abriu. Se eu te perguntasse: "E aí? Em quanto tempo esse negócio vai dar dinheiro de verdade?". Você até pode me fornecer uma data para a minha pergunta não ficar sem resposta. É até bom que tenha uma data na sua mente, isso é sinal de que você tem um plano. Um desejo. Mas, como disse Mike Tyson, "todo mundo tem um plano até levar um soco na cara".

O raciocínio é o mesmo para quem investe, por exemplo, nas ações da Petrobrás na Bolsa de Valores. Não tem prazo para dar certo. Não existe nenhum tipo de certeza de que dará certo, o que é característica de qualquer investimento que tem o potencial de te deixar rico.

Aliás, é exatamente por não haver nenhum tipo de certeza de prazo nem de retorno que os investidores de sucesso não têm todo o seu dinheiro no risco.

A vida e os boletos acontecem no curtíssimo prazo. Não basta estar preparado para cobrir as despesas do dia a dia. Precisaremos de mais dinheiro porque a única certeza de qualquer planejamento financeiro é de que os imprevistos vão chegar. E sem dinheiro para cobrir os "piriris" da vida, aquele seu sonho do investimento promissor pode ser interrompido. E no pior dos casos, esse sonho pode virar um pesadelo: você precisar do dinheiro justamente no pior momento possível do mercado e ter que vender no prejuízo. Não subestime a Lei de Murphy. O que pode dar errado, vai dar errado.

A pessoa que vive perigosamente todos os dias fatalmente vai acabar se lascando. Vale para os investimentos, vale para a vida. Para o bandido, a sorte tem que prevalecer todos os dias; a polícia só precisa de um dia de azar do meliante. O apostador rotineiro precisa acertar todo dia o placar, enquanto a banca só precisa que ele continue tentando.

Não correr riscos de menos

Esse perigo é tão sorrateiro que pode passar despercebido, mas é aí que mora o problema: ele é altamente perigoso. Fugir de todos os riscos o tempo todo não vai te levar à riqueza – pode até garantir algum sossego no curto prazo, mas no fim das contas aumenta suas chances de terminar com pouco ou nada.

Muita gente se considera "conservadora" quando o assunto é investimento. Isso pode ser reflexo de um medo causado pela falta de conhecimento – e, nesse caso, fico animado em pensar que este livro pode ajudar a superar essa barreira. Mas é verdade que algumas pessoas simplesmente não têm o perfil para investir em ações. E tudo bem! Se o sobe e desce da bolsa te tira o sono, não vale a pena forçar.

O que não dá é ser conservador tanto no mercado financeiro quanto na vida profissional. A pergunta mais importante é: como você lida com riscos na sua profissão? Você busca crescer, aproveita novas oportunidades, empreende, se qualifica, tem iniciativa? Na minha visão, essa postura proativa vale muito mais do que ser ousado apenas no mercado financeiro. Afinal, é o seu trabalho que realmente gera dinheiro. Investimentos? Eles são apenas multiplicadores do que você economizou.

Conheço muitos empresários e fazendeiros com pavor de investir em ações. E sabe de uma coisa? Está tudo certo. Essas pessoas já enfrentam altos e baixos diariamente na gestão dos seus negócios – riscos calculados que fazem parte do jogo. O importante é que eles estão investindo de forma ativa em suas áreas, apostando no crescimento ao longo do tempo.

A caderneta de poupança está longe de ser um bom investimento: existem opções mais rentáveis e até mais seguras para você aportar o seu dinheiro. Quantas fortunas foram desperdiçadas por ficarem anos estacionadas na poupança, rendendo quase nada e perdendo valor para a inflação?

Mas a poupança nem é o maior vilão. O verdadeiro inimigo da riqueza é bem mais traiçoeiro...

O maior risco é não correr risco nenhum.

Parece contraditório, mas quem tenta se proteger de tudo acaba ficando mais vulnerável. No mercado financeiro, por exemplo, se a inflação sobe, a poupança não dá conta e seu dinheiro perde valor. Se você não diversifica seus investimentos, está apostando que o cenário *sempre* vai ser o mesmo – o que é pura fantasia. A única certeza é que tudo muda e que não existe um investimento à prova de tudo.

Sem assumir pelo menos um pouco de risco, você nem consegue vencer a inflação, que é o básico para manter o poder de compra do seu dinheiro. E vamos combinar: não estamos aqui só para empatar com a inflação, certo? Precisamos multiplicar nosso patrimônio ao longo do tempo porque sem isso não é possível parar de trabalhar um dia.

Por definição, tudo o que é extremamente seguro rende pouquíssimo. Se algo fosse 100% seguro, sabe qual seria o rendimento? Isso mesmo, zero. Ninguém vai te pagar uma bolada para pegar o seu dinheiro emprestado se tiver a obrigação de te devolver o dinheiro a qualquer momento e não puder usar o seu dinheiro em empreendimentos que, naturalmente, apresentam algum risco.

Se você já tem uma reserva suficiente para te manter tranquilo pelos próximos meses, é hora de refletir: preciso mesmo proteger absolutamente tudo? Preciso que cada centavo esteja garantido no curto prazo? Se uma pequena parte do meu patrimônio (digamos, 5%) flutuar, isso vai tirar meu sono? Se você respondeu "sim" a todas essas perguntas, talvez esteja tentando se proteger demais.

Veja as pessoas ricas ao seu redor. Se elas não nasceram em berço de ouro ou ganharam na loteria, há algo que todas têm em comum: em algum momento, correram riscos. Não existe riqueza acumulada sem uma dose saudável de ousadia.

Não existe rico que odeia os riscos.

Na vida profissional, quem faz as coisas sempre do mesmo jeito enfrenta um perigo ainda maior do que o investidor que estaciona na poupança. Não estou falando só de não receber aumento; o problema é maior: é o risco de se tornar irrelevante no mercado.

Lembra da Revolução Industrial? Milhões de empregos manuais desapareceram, substituídos por máquinas. Por anos, o conselho clássico dos pais foi "estude para conseguir um emprego estável num escritório, na frente de um computador". E aí veio a Inteligência Artificial. Para impactar quem? Justamente quem trabalha na frente do computador.

Ficar parado não é uma opção. E, ironicamente, a situação pode ser ainda mais traiçoeira se você trabalha em uma grande empresa. Existe uma "lenda" – e ela tem um fundo de verdade – em empresas enormes: boa parte do trabalho é usada mais para proteger o emprego do que para gerar resultados reais. Quando os riscos não são tolerados, a inovação desaparece e o funcionário tende a fazer somente aquilo que lhe é confiado. Muitas empresas grandes sofrem desse problema, já que alguns erros podem trazer impactos gigantescos e desproporcionais.

Mas se a empresa ou o seu patrão não ajudam, faça sua parte em casa. Estude, experimente novas ferramentas (sobretudo de Inteligência Artificial), explore produtos diferentes, busque outras áreas de atuação e sobre como aumentar a sua produtividade. Porque o mercado não para – e se você não se mexer, pode acabar ficando para trás.

Pense e aja como os investidores de sucesso

Imagine que você encontrou um investimento com potencial de transformar sua vida. Qual seria sua postura? Se você está acompanhando até aqui, já deve ter ligado o alerta: grandes retornos vêm com grandes riscos. E, claro, sem garantia nenhuma.

Muita gente foge ao menor sinal de perigo. Prefere evitar qualquer risco, mesmo que isso signifique perder oportunidades incríveis. No outro extremo, tem o grupo que pula de cabeça – e que venderia até a casa para investir no "milagre" que promete 10% ao mês.

O investidor de sucesso não é nenhum destes dois tipos. Ele estuda muito e, quando decide que a empreitada vale o seu investimento, entra com cautela. Coloca uma fatia pequena do patrimônio. Dessa forma, se o investimento der certo, ele colhe ótimos resultados. Se der errado – o que é sempre uma possibilidade onde tem risco – ele perde pouco. É o famoso jogo de **perdas limitadas** e **ganhos ilimitados**, conhecido no mundo dos investimentos como *convexidade*.

Outro ponto essencial: nunca permita que algo extremamente improvável possa te causar um prejuízo devastador. O problema é que, de vez em quando, coisas improváveis teimam em acontecer.

Conheço histórias de investidores que se alavancaram na bolsa usando estratégias "infalíveis" – ou quase. Funcionavam em 99,9% dos casos. Só não daria certo se acontecesse algo extremamente improvável. Como uma pandemia, por exemplo. Bem, o desfecho dessa história você já conhece.

Numa roleta russa, só existe uma bala em uma das seis câmaras do revólver. Quando disparado aleatoriamente, você tem 83% de chances de sobreviver. Tenho certeza de que você não iria querer pagar o preço. Mas, quando se trata de ficar rico rápido, a matemática é solenemente ignorada. É bom demais para ser verdade, não é? Apenas 17% de chance de dar errado? Vamos colocar todo o dinheiro da família nisso! É exatamente assim que muitas pessoas tratam o seu dinheiro: como uma espécie de roleta russa financeira.

O investidor de sucesso, ao contrário, é cético. Ele se pergunta: *O que pode dar errado? Que riscos podem existir além do que eu posso ver agora?* Ele não aposta na sorte, planeja-se para o inesperado e toma decisões racionais.

Quem investe por impulso ou emoção só enxerga o que pode dar certo. E, por isso, acaba dependendo muito mais da sorte do que de qualquer habilidade para prosperar. No fim, o sucesso nos investimentos é menos sobre otimismo e mais sobre estratégia.

Quanto mais você precisar estar certo, menos vai dar certo

Algumas verdades são difíceis de engolir, e uma delas é que o mundo é injusto. Quando alguém com baixa renda faz um investimento ousado, precisa estar absolutamente certo de sua decisão, pois não há margem para erros. Só nisso ela já começa em desvantagem, dependendo da sorte ou do destino. Com pouco dinheiro, fica impossível diversificar o suficiente para diluir os riscos.

E quando o inevitável acontece – digamos, uma queda de 20% no valor das ações – a reação mais comum é o pânico. Sem uma rede de segurança financeira, essa pessoa tende a vender as ações no prejuízo, tentando salvar o que resta. Isso destaca um ponto essencial: **risco e curto prazo simplesmente não combinam**. Quem não tem a tranquilidade de esperar o tempo certo acaba perdendo o jogo antes mesmo de começar.

Por isso que quem está preparado financeiramente tem grande vantagem: é muito mais fácil exigir paciência de quem está com a barriga cheia do que de quem está preocupado com a reposição da geladeira.

As "injustiças" não param por aí. Quando um rico diversifica, o pouco que ele coloca em uma ação já é muito. Imagine investir 50 mil reais em uma ação que multiplica o valor por 10 – são 500 mil de lucro. Enquanto isso, o investidor com menos recursos, que colocou mil reais no mesmo ativo, chega a 10 mil. Lucro é lucro, claro, mas o impacto financeiro é bem diferente. O famoso "dinheiro gera dinheiro" nunca pareceu tão real.

No entanto, ficar preso à ideia de injustiça não resolve nada. O mundo não vai mudar por conta disso, então é melhor mudar a forma de encará-lo. A chave está no preparo, na organização e em estabelecer as prioridades corretas.

O foco deve ser no que realmente importa antes de investir, para que sua condição financeira permita que você invista como os ricos: com paciência, ceticismo, estabilidade e proteção, sempre mirando nos lucros exponenciais, porém sustentáveis para o seu dinheiro.

Fique comigo porque chegou a hora de colocar a casa em ordem para que você possa usufruir de tudo aquilo que somente os investimentos podem proporcionar para a sua vida financeira.

CAPÍTULO 2
O QUE REALMENTE IMPORTA

DIA 4: O PERIGO DAS DÍVIDAS E DA INFLAÇÃO

Dá para começar a investir mesmo com dívidas? Como a inflação pode ser um problema e de que jeito os investimentos ajudam a enfrentá-la? Fica comigo porque hoje é o dia de colocar suas finanças em ordem e liberar todo o poder dos investimentos para transformar seu patrimônio.

O perigo do cartão de crédito

No comecinho da minha vida profissional, eu caí numa armadilha financeira muito bem montada pelo banco. Toda vez que eu olhava o saldo da minha conta, lá estava o meu dinheiro bonitinho, mas misturado ao tal cheque especial. Infelizmente, naquela época eu não sabia de duas coisas: primeiro, que ele era mesmo especial, mas só para o banco, por causa dos juros absurdos. E, segundo, que crédito não é renda: crédito é um empréstimo, enquanto renda é o único dinheiro que é meu de verdade.

> **Confundir *crédito* (empréstimo) com *renda* (seu dinheiro) é um erro que pode destruir o seu futuro financeiro.**

Agora pense na jogada do banco: a melhor maneira de empurrar um empréstimo sem que o cliente perceba é deixar o valor parecer que já é dinheiro dele. Ali, pronto para ser gasto, sem consequências. Mas se banco fosse instituição de caridade, não teria os bilhões e bilhões de lucro todos os anos.

Bem, como todo mês eu pagava os juros do mês anterior, me sentia como um cliente VIP! Dava tanto lucro para o banco que podia até imaginar um tapete vermelho me esperando na agência. Por sorte, essa situação durou pouco. Depois de uns meses e um pouco de educação financeira, percebi que continuar nesse esquema era deixar a porta aberta para o endividamento bater forte na minha vida.

Hoje as coisas mudaram. Os extratos de antigamente, com aqueles cheques especiais escancarados, são coisa do passado. Não vemos mais os cheques físicos, mas o substituto para o "amanhã eu te pago" é ainda mais cruel: **o cartão de crédito.**

Sim, o cartão é uma dívida, mesmo que você esteja pagando a fatura em dia. E consegue ser ainda mais perigoso que os cheques de antigamente. Agora, tudo o que não cabe no seu bolso pode ser parcelado em 12 "suaves" prestações. E o detalhe:

muitas vezes "sem juros" – como se alguém fosse tão bonzinho assim de deixar você pagar algo no decorrer de um ano sem cobrar nada por isso.

E, de parcelinha em parcelinha, nasce o famoso "boletão". De repente, a sua fatura de hoje tem parcelas de compras que fez há um ano, somadas com todas as outras compras parceladas feitas desde então. E se você parcela as despesas recorrentes, tipo supermercado? Aí é bola de neve na certa. Não é à toa que a maioria dos endividados com cartão de crédito está gastando com itens básicos, como comida. É a situação de 59% das dívidas no cartão: alimentos comprados no supermercado.[4] E eu sei, muita gente recorre ao cartão porque a renda não dá conta. A realidade é dura, a média salarial do brasileiro é baixa e reduzir despesas quando não tem onde cortar é impossível. Mesmo assim, uma realidade não anula a outra: quem está endividado nunca vai conseguir ser um investidor de sucesso. E cá entre nós, dívida não é exclusividade de quem ganha mal não!

Claro, podem existir dívidas com juros mais baixos, como crédito estudantil ou financiamento imobiliário, e que podem valer a pena, matematicamente falando. Mas a verdade é que o cartão de crédito é o maior vilão da história do endividamento. O que era para ser só um meio de pagamento virou o maior destruidor de orçamentos familiares.

Quer um desafio? Experimente pagar as compras no shopping com dinheiro vivo. Isso mesmo, usando notas e

---

[4] Fonte: https://www.cnnbrasil.com.br/economia/financas/compra-de-alimentos-e-a-principal-causa-de-endividamento-do-brasileiro-aponta-serasa/

moedas, exatamente como faziam os antigos sumérios e babilônios. Gastar assim dá até uma angústia, né? Porque você *sente* que está gastando. Mas quando você passa ou aproxima o cartão, essa sensação some, o gasto parece invisível, o que incentiva a comprar por impulso.[5] Quando você se dá conta, já parcelou a compra no cartão, levando para casa uma coisa que você não vai usar ou vai enjoar dentro de pouco tempo.

Fique esperto: é muito fácil confundir prazer imediato com a verdadeira felicidade.

Pesquisas mostram que os lojistas que expõem os logotipos das bandeiras dos cartões Mastercard e Visa aumentam a disposição dos consumidores a gastar – surpreendentemente, até em dinheiro físico![6] Nosso cérebro está acostumado a associar o cartão com o bem-estar que sentimos ao fazer compras. E os comerciantes adoram isso. Eles fazem de tudo para te convencer a gastar mais: saldão, *Black Friday*, *Cyber Monday*, "você merece"... tudo no estilo "compre agora, pense depois". O cartão, com seu limite tentador, só facilita esse comportamento: ele é fácil demais de ser usado e difícil demais de ser controlado.

Uma vez me perguntaram como fazer para controlar as despesas de uma família que usava cinco cartões diariamente. Respondi que eu não conseguiria, considerando que prezo muito pela minha sanidade mental.

---

5 Como informa o artigo *The Red and the Black: Mental Accounting of Savings and Debt*. Disponível em: https://pubsonline.informs.org/doi/10.1287/mksc.17.1.4. Acesso em 10 mar. 2025.

6 Fonte: https://psycnet.apa.org/doiLanding?doi=10.1037%2F1076-898X.14.3.213

O alerta está dado: o cartão de crédito faz com que você gaste mais dinheiro.

Se você é organizado e disciplinado, pode usar o cartão e aproveitar os benefícios, como milhas. Mas, se você não é o mestre do Excel, do caderninho ou dos aplicativos, é melhor partir para o cartão de débito ou Pix. Assim, se você tem dinheiro, você compra; se não tem, não compra. Simples assim. Muito melhor não acumular milhas do que acumular dívidas.

Muitas vezes, o banco oferece um limite de crédito no cartão mais alto do que você poderia bancar. Experimente deixar de pagar uma fatura ou recorrer ao pagamento mínimo para ter uma ideia da pancada que são os juros no cartão. Aliás, é melhor que você nem tente.

O lado financeiro das dívidas

Vamos comparar o que podemos ganhar investindo com o que perdemos quando estamos do outro lado da mesa (ou seja, quando somos os devedores).

Enquanto escrevo estas linhas, você poderia ter investido no Tesouro Prefixado com uma taxa anual de 13,41%. Na prática, vamos considerar que ele renderia 1% ao mês.

Se você deixar investidos 1000 reais por cinco anos, sabe quanto terá no final? Você termina com 1817 reais. Um aumento de 81,7%! Incrível, né? Mas espera para você ver como estava a situação de quem pegou um empréstimo pessoal.

Assustadores 20% **ao mês**. É até onde podem chegar os juros de quem está devendo – sim, a taxa mensal de quem deve é bem maior do que os juros **anuais** do Tesouro Prefixado. Em outras palavras, o dinheiro que você ganharia durante um ano ao investir não daria para pagar os juros de um mês se estivesse devendo!

Lembrando que, se você emprestar dinheiro para o seu cunhado e cobrar mais de 12% de juros **ao ano**, vai cometer o crime de usura no Brasil. Afinal, você não tem uma licença para atuar como instituição financeira, que é quando você passa a ter o direito de cobrar mais do que isso **por mês**, como nós vimos.

Mas vamos voltar para o empréstimo do nosso exemplo. Quer ver o tamanho da encrenca que você teria se metido? Se você pegar 1000 reais emprestados a 20.18% ao mês e não pagar por cinco anos, sua dívida vira 61,6 milhões! Claro, ninguém chega a esse ponto porque já quebra bem antes. Afinal, a dívida multiplica por nove a cada ano.

Quando você estiver lendo, certamente os juros serão diferentes, para menos ou para mais (estou batendo na madeira três vezes aqui). Não importa, foque apenas na *diferença,* no tamanho da força que puxa contra você quando se está devendo. É como fazer um cabo de guerra com você de um lado da corda e uma retroescavadeira do outro.

Entende a loucura por trás da pergunta que eu recebo sempre: vale a pena pegar um empréstimo para investir? Qual a chance de dar certo? A pessoa se compromete financeiramente com uma dívida altíssima, **apostando** (aham, lembra do termo?)

em algo que não tem certeza nenhuma de dar certo, o que frequentemente é a característica do que pode render mais. A aposta pode ser em qualquer coisa de renda variável: criptomoedas, ações e até em seu próprio negócio. A única certeza que existe é que o *boletão* do financiamento vai estar à sua espera, pronto para abocanhar o seu futuro financeiro. Já os seus investimentos, no curto prazo, meu amigo, qual a chance de darem certo (a não ser pela própria sorte)? Lembrando que a sorte acaba na mesma proporção em que você vive perigosamente.

A matemática mostra que as dívidas são as maiores inimigas de quem quer investir. Mas as dívidas podem roubar algo que pode valer bem mais do que o seu dinheiro: a sua paz.

O lado psicológico das dívidas

Já parou para pensar como é (ou seria) incrível não dever nada para ninguém? Deitar a cabeça no travesseiro e não ter ninguém enchendo o saco, ou simplesmente não ouvir a voz irritante dos boletos te assombrando na madrugada? Qual seria o preço desse sossego?

Vamos imaginar um exemplo simples: você quer comprar algo de mil reais. O lojista, que por algum motivo misterioso não oferece desconto à vista, propõe que você pague o valor em dez vezes de 100 reais. Ele prefere pagar a taxa da maquininha do que dar um descontinho para você. Vai entender...

Mudar de loja para conseguir um desconto à vista seria uma decisão acertada (e merecida para o lojista). Mas, se não rolar, a matemática diz que o ideal é parcelar o máximo possível. Afinal, dinheiro no dia de hoje vale bem mais do que o de amanhã.

Mas a sua decisão de parcelar tem um custo invisível que não é financeiro: o aumento da sua necessidade de controle e organização. Afinal, as parcelas vão ficar aparecendo no seu extrato por dez longos meses e a sua renda mensal precisa sobreviver a elas, mês a mês.

Sinceramente? Eu detesto essa ideia de parcelas me perseguindo. Veja, não estou falando do caso da pessoa que a geladeira pifou do nada e ela tem que parcelar para conseguir sobreviver.

Estou dizendo que, tendo a opção de parcelar ou não, eu prefiro quase sempre **não fazer**. Mesmo que a matemática diga o contrário. Prefiro pagar logo e esquecer do assunto, mesmo que a lógica financeira diga que eu poderia ganhar mais parcelando.

Eu simplesmente odeio as dívidas. Lembra que falamos que o ideal é que eu não precise estar certo para que as coisas deem certo? Isso vale ainda mais quando o assunto são as dívidas: elas exigem que tudo na sua vida continue funcionando perfeitamente.

O devedor é um otimista: precisa estar empregado ou ter clientes batendo à sua porta. Precisa que seu custo de vida não aumente, de maneira que o que sobra seja suficiente para arcar com as dívidas do parcelamento. Em última instância, ele precisa até que o Brasil dê certo, que a economia melhore e que os juros não subam.

O devedor é um otimista forçado.

No linguajar do mercado financeiro, todos nós estamos "comprados em Brasil". Nosso sustento vem daqui, os nossos empregos e os nossos negócios também. Eu prefiro não dobrar a aposta e me endividar, mesmo que hoje a situação esteja sob controle. Ninguém sabe o dia de amanhã e muitos acreditam que o Brasil do futuro vai ser pior do que o de hoje. Se você também pensa assim, que as coisas estão piorando no nosso país, você simplesmente não tem o direito de se endividar.

Portanto, se está incomodado com alguma dívida, vale tudo para se livrar dela o quanto antes. Faça uma renda extra, venda algum bem, o que for. Quanto custa a sua paz? Quanto custa nunca conseguir parar de trabalhar, mesmo sabendo que no futuro você pode não ter condições físicas ou psicológicas para isso? É justamente por isso que investimos, para não entregar o nosso futuro na mão do governo ou de favores de parentes. Mas, como a gente viu, viver com dívidas faz este sonho ficar cada vez mais longe. Ou faz virar um pesadelo mesmo.

Inflação: o inimigo silencioso

Você tem a impressão de que tudo ficou mais caro nos últimos anos? Pois é, não é só sentimento não, é a mais dura e triste realidade. Explicarei o que rolou com o M2 – o volume de dinheiro em circulação no Brasil. Entre 2000 e 2004, o M2 teve crescimento moderado, tranquilo, nada de muito alarme. Mas, a partir de 2020, foi como se alguém tivesse colocado a curva na esteira com inclinação máxima!

E sabe o que isso significa? Um aumento colossal na oferta de dinheiro. Só para você ter ideia, o tanto de dinheiro emitido depois de 2020 supera todo o volume gerado nos 26 anos do Plano Real até então. Isso mesmo, o governo emitiu mais dinheiro nos anos **depois** da pandemia do que em todos os anos **antes** dela!

Por quê? Culpa da pandemia e seus *lockdowns*. Com as pessoas impedidas de trabalhar, o governo precisou agir: soltou auxílios e reduziu os juros, inundando a economia de dinheiro gerado artificialmente. E o que parecia ser uma solução inevitável resultou em efeitos colaterais duríssimos para a economia: de cada 100 reais em circulação hoje, mais de 50 reais nasceram depois de 2020. Você sabe como é: tudo em excesso perde valor. Só que, no caso, é o **seu** dinheiro na carteira que vira pó.

Entre março de 2020 e o final de 2024, o poder de compra do seu dinheiro despencou mais de 30%. Aqueles 100 reais que você tinha no começo da pandemia agora compram o equivalente a menos de 70 reais. E se compararmos com 1994, quando o Plano Real foi criado, esse mesmo valor têm o poder de compra de incríveis... 7,87 reais no dia de hoje. É isso mesmo que você leu.

Isso, claro, em termos de IPCA – a inflação oficial que o governo divulga. A **sua** inflação certamente é diferente dela, frequentemente maior, considerando que você consome bens e serviços que podem ser diferentes da cesta do IBGE usada para medir a inflação.

Quando o governo gasta sem controle, cria dívidas e joga nossa credibilidade no ralo, e quem paga a conta somos nós. O resultado disso também se reflete no dólar, que sobe e encarece tudo: pão, eletrônicos, gasolina, frete – tudo depende que nossa moeda não perca as forças frente à moeda americana. E, quando o dólar dispara, a inflação em **real** também dá as caras. É por isso que dólar alto não encarece somente o sonho de quem planeja conhecer o Mickey, mas impacta principalmente os mais pobres, que têm grande parte da renda familiar comprometida na compra de alimentos.

A inflação é culpa dos governos? Sim. Mas quem precisa combatê-la é você. Este livro mostra muitas ferramentas para te ajudar: sim, os investimentos! Mas antes de falar sobre como proteger o que você já tem, é preciso garantir que seu extrato bancário fique bem rechonchudo. Vamos nessa?

DIA 5: AUMENTANDO OS APORTES

O dia de hoje é sobre o que eu não posso fazer por você. Mas, se eu conseguir te convencer da importância desse caminho e mostrar por onde seguir, já vou me sentir extremamente satisfeito.

Eu sei que você quer encontrar investimentos que façam o seu dinheiro decolar. Às vezes a gente acha que isso tem tudo a ver com investimentos supercomplexos. Parece até que quanto mais difícil de entender, mais milagroso o negócio fica, né?

Mas vamos organizar as ideias. Esqueça por um instante a rentabilidade dos investimentos. Sim, ela importa, mas é só o fermento no bolo. Os ingredientes principais — como farinha, ovos e leite — são os seus **aportes mensais**. Sem isso, não adianta ter o melhor fermento do mundo, você não vai ter bolo nenhum.

E o **tempo** é outro ingrediente fundamental. O bolo (inclusive o de dinheiro) precisa de tempo para crescer. Se você ficar beliscando antes da hora, vai acabar com um bolo menor e meio cru, além de nunca conseguir chegar no seu objetivo final.

Se a sofisticação dos investimentos fosse o verdadeiro segredo da riqueza, não seria curioso constatar que existe mais gente rica com caderneta de poupança do que na Bolsa de

Valores? Sabe aquele "tio do terreno" que desconfia de qualquer coisa no mercado financeiro porque não dá para ver nem tocar? Pois é, frequentemente ele dá show no especulador cheio de telas piscando na frente.

"Ah, então é só comprar terreno ou deixar na poupança!" Tenho certeza de que você não pensa assim, caso contrário, nem teria comprado este livro. Felizmente, veremos aqui investimentos no mercado financeiro com mais potencial de retorno, com mais liquidez (você pode vender quando quiser) e com segurança.

O ponto aqui é o seguinte: o sucesso do tio do terreno não veio dos investimentos em si. Muitas vezes, veio **apesar** deles: ele consegue crescer o seu patrimônio mesmo com aplicações que às vezes mal conseguem bater a inflação. Por quê? Pois focou no que realmente importa.

Claro que você precisa vencer a desvalorização do real — senão nunca vai viver de renda. Mas a verdade é: escolher bons investimentos é a parte mais simples da história.

As duas coisas mais importantes quando o assunto é investimento: o valor dos aportes mensais e por quanto tempo deixar o dinheiro aplicado.

Este livro vai te ajudar a escolher os melhores investimentos, pode ficar tranquilo. Mas a parte principal — guardar dinheiro todo mês e não desistir no meio do caminho — **é o seu papel**. E se você fizer isso direitinho, tenho certeza de que o seu bolo vai ser volumoso o bastante para alimentar você e sua família por muito tempo.

A importância do tempo e dos aportes

Vou te mostrar agora o impacto gigantesco que os fatores tempo e aporte têm no seu dinheiro. Suponha que você tem mil reais por mês para investir e que os juros anuais sejam de 10% ao ano (o equivalente a 0,8% ao mês).

O que você vê no gráfico abaixo é a representação visual do crescimento do seu patrimônio ao longo dos anos. A parte de baixo representa o que você investiu com seu próprio dinheiro. A parte de cima mostra o quanto os juros compostos fizeram seu patrimônio aumentar sem que você precisasse colocar mais dinheiro. Esse crescimento extra acontece como uma recompensa pela sua paciência ao deixar o investimento rendendo. Com os anos, essa diferença fica cada vez maior, mostrando que o segredo está em deixar o dinheiro trabalhando para você.

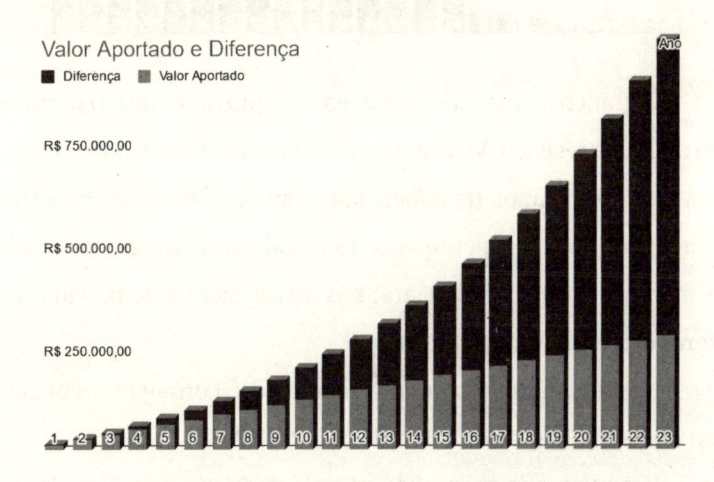

Agora vamos ver como estaria a sua situação cinco anos depois de ter começado a investir.

O cenário não parece tão animador. Você aportou 60 mil reais e ganhou pouco mais de 16 mil e quinhentos de juros no final. A maioria das pessoas sequer conseguiu chegar nesse ponto – imagina continuar a partir daqui. Mas repare, isso é apenas o começo da história.

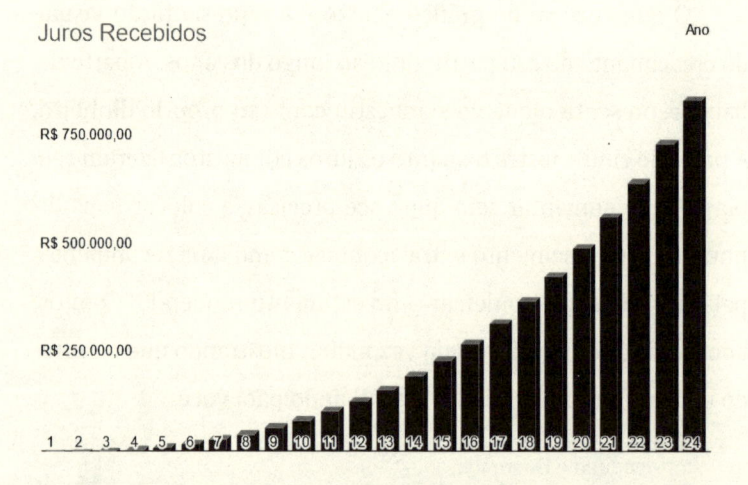

Juros Recebidos   Ano

O gráfico acima mostra somente os juros, ou seja, o dinheiro que você recebeu. Veja que os juros vão ficando cada vez maiores durante os anos (exponencialização da curva), de maneira que quanto mais paciente você for, mais dinheiro terá no final. A mensagem aqui é bem clara: nos investimentos (e na vida) **o tempo premia os pacientes**.

Neste cenário, em quanto tempo você conseguiria chegar no emblemático valor de 1 milhão de reais?

Você chegaria neste valor depois de 23 anos investindo. É muito tempo? Sim, eu concordo. Mas considere que, debaixo do colchão, precisaria de mais de 83 anos para acumular seu primeiro milhão! Já no cenário de investimento, do milhão que você acumulou, apenas 276 mil reais saíram do seu bolso, ou seja, você recebeu mais de 720 mil de juros!

Vamos ver agora o impacto dos seus aportes. Digamos que você conseguiu fazer a sua parte: ganhou mais dinheiro, economizou, enfim, sobraram mil reais adicionais para engordar os seus aportes mensais. Assim, em vez de mil reais, você conseguiu investir 2 mil por mês.

Quanto tempo levaria para chegar no mesmo milhão? Menos de 17 anos, ou seja, cinco anos a menos de quando tinha apenas mil reais por mês para investir. E se você também levar este investimento até o final do 23º ano, você terminaria com praticamente 2 milhões de reais! Dessa forma, adicionando apenas mais cinco anos, você quase dobraria o seu patrimônio.

Resumindo, repare no impacto do tempo e dos aportes e guarde bem o recado: quanto mais tempo tiver para investir e quanto mais você aportar, mais dinheiro terá no final. Ou, se preferir, quando você investe é possível chegar numa determinada quantia em bem menos tempo.

Juros compostos são uma verdadeira mágica! Mas no começo eles parecem mais uma mágica fajuta, daquelas que ninguém acredita. O crescimento é tão pequeno que muita gente acha que não vale a pena e acaba desistindo de investir.

A grande verdade? **Paciência é uma virtude.** E, como toda virtude, ela exige planejamento, autoconhecimento e prática. Se você quiser um manual completíssimo de autoajuda, existem muitos outros livros por aí que podem ser mais úteis do que este.

Mas quando o assunto é **sobrar mais dinheiro**, a conversa muda de figura. Para isso acontecer, você precisa de duas coisas: **ganhar bem** e **gastar menos**. E é exatamente nessa parte, com uma boa educação financeira, que eu consigo contribuir.

Como ganhar mais dinheiro

Se o que você ganha não está te deixando feliz, talvez seja hora de dar um tempo no mercado financeiro e olhar para o investimento mais poderoso que existe: investir em **você mesmo.** O segredo está em fazer com que cada hora do seu trabalho renda mais dinheiro — e não em trabalhar mais horas. Afinal, o dia só tem 24 horas e a sua energia também tem limite.

Em certos momentos, é claro que vale a pena dar aquele gás extra — como quando você está endividado, montando sua reserva financeira ou correndo atrás de um objetivo de curto prazo. Mas viver só para o trabalho? *É uma cilada, Bino!* No longo prazo, seu corpo ou sua mente vão apresentar a conta e não vai ser nada barata.

Posso falar por experiência própria. Em 2015, depois de 15 anos trabalhando feito louco na empresa que eu mesmo criei, tive um esgotamento mental aterrorizante. Mesmo trabalhando muito, os problemas da firma eram meus companheiros de cama. Não conseguia dormir, podia até sentir o coração quase pular para fora do peito. Além da falta de motivação para me levantar, faltava também o ar para respirar. Foi só com o nascimento do meu filho que caiu a ficha: eu estava priorizando tudo, menos a minha saúde. Foi então que tomei coragem, me demiti do meu próprio negócio e comecei a respeitar meus limites.

Conforme a idade chega, a vida cobra um preço maior por decisões erradas. As aventuras e extravagâncias costumam custar mais caro fisicamente, psicologicamente e financeiramente falando. Por este motivo, é natural e desejável que os jovens tenham mais energia e estejam dispostos a trabalhar mais. Inclusive, não conheço momento mais adequado para se arriscar no mercado de trabalho ou numa empreitada do que quando se tem os boletos pagos pelos pais. Quando você não tem uma família para sustentar, o risco do aprendizado ou de uma quebra financeira são mínimos comparados aos ganhos de se aprender ou de se especializar numa profissão.

Agora, para quem já passou dessa fase faz tempo — como eu (não me chame de velho, minha coluna já faz isso!) —, o jogo é outro. O foco precisa estar em valorizar o seu tempo. Como? Fazendo com que as pessoas paguem mais pela sua hora. Isso significa investir em conhecimento, habilidades e no seu próprio desenvolvimento. Porque sem isso, esqueça as outras partes do plano (economizar e investir). Ganhar mais é a base de tudo!

Por que algumas pessoas ganham mais e outras menos?

Todo mundo tem algum talento escondido – e, sim, *você também*! Talvez você seja bom em fazer bolos incríveis, organizar espaços, editar vídeos ou até ensinar algo que sabe muito bem. O segredo aqui é descobrir o que você faz bem e colocar isso para trabalhar a seu favor, mas sempre com um olhar muito atento ao **mercado**.

Não adianta, o mercado é soberano. A quantidade de dinheiro que você vai receber depende da mesma lógica da lei da oferta e da demanda. Infelizmente, o que mais existe por aí é gente supertalentosa, com uma aptidão incrível no que faz, mas que se encontra extremamente insatisfeita e desmotivada com sua profissão porque não ganha tanto dinheiro como gostaria e mereceria.

Sem dúvidas, o exemplo mais gritante – e que reflete o total descaso da educação pública no Brasil – é o caso do salário dos professores em nosso país. De acordo com o IBGE, das dez profissões com ensino superior mais mal remuneradas no Brasil, cinco são relativas ao ensino, sobretudo a educação básica. Mas também estão na lista dos que ganham mal os físicos, astrônomos e até fonoaudiólogos.

Dá para continuar apaixonado pelo que você faz ganhando pouco? Difícil, né? Mas também é verdade que não conseguimos fazer um governante brasileiro investir mais em educação e pagar mais para os professores, já que os frutos deste investimento viriam em décadas e não seriam colhidos pelo próprio político em questão. Longo prazo para político brasileiro é também conhecido como "próxima eleição".

Só dá para mudar a nós mesmos. Procurar áreas dentro do seu nicho que paguem mais pelo seu trabalho seria a opção mais prática para receber mais. Como último recurso, até trocar de carreira pode fazer sentido, o que tem mais chances de dar certo para quem estuda e tem condições de fazer uma transição feita com planejamento.

E aí chegamos na outra ponta: quem ganha muito. Geralmente, eles estão em áreas como saúde, administração e engenharia, como revelou a mesma pesquisa. Não que essas profissões sejam mais importantes que as relacionadas à educação, mas o mercado vê essas áreas como mais "urgentes" porque podem trazer resultados mais rápidos — e, como vivemos no país do imediatismo, isso pesa **muito**.

> **O que é raro custa mais caro. Lembre-se disso: seu salário tem muito a ver com a raridade do trabalho que você executa.**

Para saber se sua profissão está distante da rota de ganhar bem, faça esse teste rápido:

- Tem muita gente disposta e qualificada para fazer o que você faz?
- Se você for mandado embora (ou se a sua empresa deixar de existir) amanhã, seu patrão (ou seu cliente) consegue te substituir com facilidade?
- Se você mudar de emprego, seu salário seria parecido em outra empresa?
- Seu trabalho consiste em fazer coisas repetitivas?
- Seu patrão (ou seu cliente) só não te troca porque você cobra barato?

Se você respondeu "sim" para a maioria das questões anteriores, talvez seja hora de repensar sua estratégia. Mas a questão a seguir é aquela que todo mundo quer responder um "sim", a pergunta de mais de um milhão de reais:

<u>**Seu trabalho consiste em fazer o seu cliente ou o seu patrão ganhar (ou economizar) mais dinheiro? Lembre-se: não é à toa que os bons vendedores ganham muito dinheiro!**</u>

Como economizar dinheiro sem enlouquecer (ou virar um monge)

Pense em um assunto fracassado. Pensou? Agora multiplique o fiasco por dez. Pronto, é exatamente esse o resultado quando eu surjo com a nada brilhante ideia de lançar um vídeo sobre economizar dinheiro no meu canal no YouTube.

Economizar dinheiro é aquele assunto que todo mundo sabe que precisa encarar, mas que dá vontade de fugir só de ouvir falar. É igualzinho a fazer dieta, começar a academia ou separar o lixo: a gente sabe que é importante, mas a vontade de procrastinar é real. Afinal, quem gosta de abrir mão de um prazer hoje pra colher os frutos só lá na frente?

Poupar dinheiro é adiar um prazer. É deixar de consumir no dia de hoje, para que o seu eu de amanhã tenha condições disso. É um gesto de humildade, por mais que a gente ache que está tudo sob controle, o amanhã é uma caixinha de surpresas. Pode ser uma despesa inesperada, uma mudança na vida ou até uma oportunidade que você não pode deixar passar. E aí quem não economizou acaba pagando juros (literal e figurativamente) por não ter se preparado.

Economizar é um gesto de amor para seu eu do futuro.

Por que economizar é tão difícil?

Simples: o cérebro humano adora resultados rápidos. Por isso é mais fácil gastar no iFood hoje do que guardar pensando na viagem dos sonhos daqui a dois anos. É o mesmo motivo que faz muita gente não se exercitar ou largar o curso de inglês no meio. A gente cuida do que é urgente, não do que é importante. O problema é que um dia **o importante vai virar urgente**. E, quando isso acontece, a conta costuma ser bem salgada.

- Gasta mais do que pode todo mês? Um dia o cartão de crédito vira uma bola de neve.
- Nunca investe na saúde? Quando as veias entopem, comer alface já não resolve.
- Não guarda dinheiro? Perde o emprego e de repente a vida entra no modo pânico.

Quem precisa economizar?

Todo mundo que ganha mais do que o básico para sobreviver precisa economizar. Se você ganha muito pouco, realmente não tem muito espaço para cortes. Mas, se o seu salário cobre todos seus gastos essenciais, economizar é obrigação, independentemente da sua classe social.

E olha, a falta de planejamento financeiro atinge até quem ganha bem. Já vi casais de médicos que, mesmo com salários altíssimos, não tinham reservas para segurar dois meses sem trabalho. E tem também o clássico exemplo dos ganhadores da Mega-Sena que vão de milionários a falidos em tempo recorde.

Por quê? Se você gasta tudo que ganha, não importa o quanto ganhe — vai sempre viver no limite.

Cuidado com a corrida dos ratos

Se cada vez que seu salário aumenta, seus gastos também sobem na mesma proporção, você está preso na chamada "corrida dos ratos": trabalha hoje para pagar as contas do mês, sem nunca sair do lugar. Isso não significa que você deva viver como um monge para morrer como o velho da lancha (sem conseguir subir nela quando este dia chegar). Usufruir da sua renda no dia de hoje é fundamental. Mas economizar é o que permite *não* depender exclusivamente do próximo pagamento para viver.

O que economizar pode fazer por você?

Poupar dinheiro é justamente o que tem o potencial de quebrar o ciclo de viver unicamente para trabalhar. Como vimos neste dia, economizar dinheiro é fundamental para se investir bem, já que o aumento dos aportes mensais permite alcançar mais rapidamente os seus objetivos financeiros.

Economizar dinheiro é o que emancipa a sua vida financeira, te permite viver de uma forma mais tranquila, sem o medo de perder o emprego, os clientes e até oportunidades por não ter dinheiro guardado. É exatamente sobre isso que vamos falar no próximo dia. Vamos nessa?

CAPÍTULO 3

PROTEGENDO ANTES DE MULTIPLICAR

DIA 6: A RESERVA DE PAZ

O dinheiro mais importante de todos

Junho de 2017. Fazendo apenas três meses que eu tinha começado o *Dinheiro com você* no Youtube, eu publicava então o meu primeiro vídeo sobre **Bitcoin**, quando ele valia apenas 10 mil reais (saudades!).

Mas foi também nessa época que eu comecei a sentir terríveis dores nas costas, que já começavam a impactar minhas tarefas diárias, e que os exames identificaram como uma hérnia de disco lombar.

No começo, eram só umas fisgadas aqui e ali, mas a situação piorou muito rápido. A dor ficou constante, 24 horas por dia. Eu não conseguia dormir, e minha esposa também não, já que eu ficava tentando aliviar a dor (sem sucesso) com um secador de cabelo na coluna. Testei de tudo: remédios, hidroginástica, osteopatia, simpatia, truques caseiros... Nada funcionava.

Foram quatro meses de tortura. Nos hospitais da minha região, públicos ou privados, a fila para cirurgia era longa demais. Enquanto isso, meu pé já começava a formigar e eu perdi parte da sensibilidade. O médico me alertou: sem uma operação urgente, eu poderia perder os movimentos da perna. Foi o único momento da minha vida em que desejei simplesmente não estar mais aqui.

Mas aí veio a luz no fim do túnel: consegui uma consulta com um especialista do Hospital Albert Einstein, em São Paulo. A cirurgia era realmente inevitável, e foi marcada para poucos dias depois. No caminho de Minas Gerais para a capital paulista, só dava para viajar deitado no banco do passageiro. Ainda assim, cada buraco era um grito, e tínhamos que parar a cada vinte minutos para eu estalar a coluna.

Como a internação no hospital era pela manhã bem cedo, cheguei um dia antes e dormi em um hotel. Quer dizer, dormir é modo de falar: quando consegui pegar no sono, esquecendo um pouco da dor e da ansiedade da véspera, veio o disparo da sirene de incêndio do hotel: um infeliz de um hóspede achou que seria uma boa ideia acender o seu cigarro dentro do quarto.

Finalmente, o grande dia chegou. Na hora de ir para a faca, minha mãe me perguntou por que eu estava fazendo graça, rindo de orelha a orelha. Ela não tinha entendido o tamanho da minha felicidade: ou eu seria curado da dor, ou ficaria por lá mesmo, não precisando voltar e passar por todo o martírio novamente.

Terminada a cirurgia, o médico veio para conversar comigo. Ele me disse que a operação tinha sido um sucesso, mas que não tinha entendido uma coisa: que diabos seria um tal de *Bitcoin* que eu ficava tagarelando sem parar quando estava *grogue* pelo efeito da anestesia?

De fato, a cirurgia foi incrível e nunca mais senti nenhuma dor parecida na coluna. Mas por que eu estou te contando de todo esse sofrimento num livro sobre investimentos? É simples: se eu dependesse apenas do sistema público de saúde, hoje não teria a benção de poder me levantar e andar por aí. Se eu não tivesse guardado dinheiro e investido, não teria minha saúde de volta.

Considerando os valores em reais, o procedimento não foi barato, você pode imaginar. Mas quanto custa a saúde? Não tenho dúvidas de que valeu cada centavo e que foi o dinheiro mais bem gasto da minha vida.

Gostaria que ninguém tivesse que passar por isso, mas a realidade é bem mais dura e certeira do que o meu otimismo: ninguém sabe o dia de amanhã. Se não somos nós, nossos filhos podem ficar doentes.

A única certeza de um planejamento financeiro são os imprevistos. Não se preparar para eles é um erro que pode custar bem mais caro do que o seu dinheiro.

O colchão financeiro é a sua reserva de paz

Guardar dinheiro não é só para ostentar um saldo bonito na conta. É sobre **liberdade**. Liberdade para dizer "não" a um emprego que você detesta, para abraçar novas oportunidades, investir em si mesmo e, claro, dormir tranquilo sem medo do futuro. Já tinha pensado nisso, como o dinheiro significa liberdade? Dinheiro é, antes de tudo, **liberdade de escolha.**

Você só está lendo este livro agora porque não precisa estar correndo atrás de dinheiro neste exato momento. Ter um colchão financeiro permite mais do que viajar ou comprar coisas. Ele dá a você algo muito mais valioso: o poder de decidir o que **não fazer**. Talvez a verdadeira riqueza de alguém seja medida pela quantidade de "nãos" que ela pode dar no dia a dia.

Quem não tem dinheiro guardado não é livre de verdade.

Sem dinheiro acumulado, basta uma emergência – uma geladeira quebrada, o carro parado ou um problema de saúde – e lá se vai a tranquilidade, junto com o limite do cartão ou um empréstimo. Sem reserva, cada susto vira uma dívida, e daí é um pulo para o abismo financeiro.

Mas a reserva financeira não é útil apenas para se proteger das dívidas. Ela também é o ponto de partida para investir com segurança e construir um futuro mais próspero.

Sem colchão financeiro, não há investimento

Imagine que eu te convide para ser meu sócio em um novo negócio. Digamos que você adorou a ideia, você confia em mim e ficou superanimado. Melhor ainda: essa pode ser sua chance de sair do emprego que já não te inspira. Parece um sonho, né? Mas, como vimos, tudo o que pode render muito tem risco. E se o negócio demorar para decolar ou nem der certo?

- **Se você tem um colchão financeiro**, pode se arriscar e mergulhar de cabeça na oportunidade.
- **Mas sem uma reserva**, como você vai manter as contas da casa enquanto o negócio engatinha?

É a mesma lógica no mercado financeiro. **Primeiro, a gente protege; depois, arrisca e multiplica**. Não faz sentido investir em ações se você está preocupado com o boleto do cartão no fim do mês. Quando arriscamos sem um colchão, corremos o risco de precisar sacar tudo no pior momento, quebrando o ciclo de crescimento dos nossos investimentos.

Muita gente perde dinheiro porque não consegue segurar os altos e baixos do mercado. Isso acontece porque usaram para investir um dinheiro que na verdade não podiam perder. Resultado: venderam na hora errada.

Agora vem uma reflexão que pode apertar alguns calos. Tem gente que possui bens caros, como carro ou moto, mas ainda não tem uma reserva de emergência. E, olha, não é sobre criticar escolhas pessoais – cada um sabe das suas prioridades. Mas a vida não quer saber das suas justificativas quando resolve aprontar. Emergências vêm sem aviso, e, muitas vezes, quem não tem reserva precisa vender os bens às pressas ou se enrolar no cartão de crédito, enfrentando juros cruéis.

Portanto, se você quiser fazer diferente do que a maioria faz, estabeleça o colchão financeiro como **prioridade máxima** para a sua vida. Afinal, as emergências são exatamente assim, não é? Passam na frente de qualquer outra coisa.

Quanto acumular para o seu colchão financeiro

O primeiro passo para conquistar sua liberdade financeira é **ter dinheiro suficiente para pagar as contas do próximo mês, mesmo sem trabalhar**. Parece pouco, mas já é um grande alívio para quem vive no sufoco, vendo o mês durar bem mais do que o salário. Esse é o começo para sair da famosa "corrida dos ratos", quando trabalhamos apenas para sobreviver.

Mas, infelizmente, isso não basta. Um mês de despesas guardado não é exatamente um colchão – talvez, no máximo, um colchonete. Para proteger-se de verdade, você vai precisar de mais, já que os imprevistos podem custar muito mais do que um salário, como perder o emprego e precisar de algum tempo para se recolocar no mercado.

Mas então de quanto dinheiro você realmente precisa para a sua reserva de emergência? Depende muito da estabilidade da sua carreira: para empregos mais constantes, como servidores públicos, ou em áreas de rápida recolocação, seis meses de salário podem ser suficientes. Repare no tamanho da dificuldade: se o custo de vida da sua família gira em torno de 10 mil reais por mês, seu colchão financeiro deve ser de 60 mil! Imagine o tamanho do esforço, realmente não é fácil. Mas é mais difícil não ter de onde tirar o dinheiro quando a vida nos apresenta uma dificuldade inesperada.

Vale tudo para montar seu colchão o mais rápido possível: vender um bem, fazer horas extras ou buscar uma renda extra. Novamente: estamos falando da sua reserva de paz e o quanto antes você chegar nisso, mais tranquila fica a sua vida, já que você vai deixar de estar vulnerável aos imprevistos que podem (e uma hora sempre teimam em) aparecer na sua vida.

Mas a situação pode ser ainda mais desafiadora para quem trabalha em algo muito específico ou quer dormir o sono dos justos em um colchão bem mais rechonchudo. Um ano de contas pagas na reserva é o sonho de muita gente e, muitas vezes, é o necessário para que a vida fique menos apertada e mais previsível. Eu sei, é terrivelmente difícil e fora da possibilidade de muita gente. Mas, novamente, estamos falando de paz: **quanto vale a sua?** Lembre-se que essa reserva de dinheiro é aquela que pode te permitir alcançar voos mais altos, podendo assumir mais riscos e por mais tempo, a fim de multiplicar o seu dinheiro.

> **Não é assumindo mais riscos que você vai ter mais dinheiro. Ter dinheiro guardado é o que te permite assumir mais riscos.**

Onde investir o seu colchão financeiro?

Lembra que cada investimento é uma ferramenta com um propósito específico? Para o **colchão financeiro**, precisamos de dois ingredientes básicos:

- Liquidez imediata: você nunca sabe quando vai precisar, então o dinheiro deve estar disponível na hora.

- Sem riscos de perdas: não dá para arriscar justamente aquela grana que podemos precisar justamente quando a nossa própria condição financeira estiver em risco.

Aqui já podemos constatar duas coisas. Dá para ver que qualquer aplicação em renda variável (como ações na Bolsa de Valores ou fundos imobiliários) não serve para o propósito do colchão financeiro, já que oscila diariamente e pode trazer perdas.

Outro ponto é que, se o dinheiro está seguro, não é de se esperar uma alta rentabilidade. Aqui você está comprando tranquilidade, pagando com um pouco de rentabilidade.

Para você entender essa lógica, pense neste exemplo: quando você investe em um banco, na verdade está emprestando o seu dinheiro em troca de juros. Digamos que você ganhe 150 reais de juros nessa aplicação. O banco, por sua vez, pega o **seu** dinheiro e empresta para uma construtora, cobrando 250 reais de juros dela. A diferença disso (100 reais) é o lucro do banco, o chamado **Spread Bancário.**

Se você exige que o dinheiro esteja sempre disponível, o banco não pode emprestá-lo em financiamentos de longo prazo, como para construtoras. É por isso que aplicações de maior prazo rendem mais. Mas não tem jeito: em nome da liquidez para o nosso colchão, a gente está disposto a receber menos. Acontece que o rendimento não deveria ser tão baixo quanto o da **caderneta de poupança**, o investimento preferido dos brasileiros.

Um em cada quatro brasileiros ainda confia seu dinheiro na caderneta. Daqueles que investem, sete de cada dez estão por lá!

Acontece que a poupança é um investimento muito ruim, que rende muito pouco. E tem um bom motivo para isso: é o dinheiro da poupança que financia o sistema habitacional brasileiro. Isso mesmo, o dinheiro que você **não** ganha nela é o que sustenta os juros baixos de quem contrata um financiamento da casa própria.

Veja como 100 reais teriam rendido nos últimos 30 anos na poupança: Em valores corrigidos, hoje você teria 1.524,49 reais. Não parece ruim, né? Mas considere que 600 reais desse valor foram suficientes apenas para repor a inflação no período.

O ponto principal é que existe um investimento simples, hoje disponível também nos bancões, que teria rendido bem mais. Vamos aprender agora: imagine seus 100 reais virando mais de 6.650! Nada mal, né? Mesmo com o imposto de renda, é muito dinheiro a mais e com a mesma segurança da poupança!

A senha que você precisa procurar no banco é: **CDB com liquidez diária, rendendo 100% do CDI.** Vamos entender: **CDB, ou Certificado de Depósito Bancário,** é um tipo de investimento oferecido pelos bancos. Nos dias 7 e 8 entraremos nos tipos e detalhes dos CDBs, mas o que importa para a gente por enquanto é entender a taxa envolvida neste investimento.

Você já ouviu no jornal que a Selic subiu ou caiu? A Selic é chamada de **taxa básica de juros**, porque ela dita os rumos de todas as outras taxas do mercado. Quando ela está alta, as previsões de inflação também estão, e fica bem caro pedir dinheiro emprestado em qualquer banco. Nessa condição, você concorda que a economia "freia", por que os juros de pegar dinheiro emprestado ficam mais altos? Do empresário que desiste de financiar uma nova obra até o *carnezinho* da loja que fica *menos gostoso*: todo mundo é estimulado a não gastar. E esse é exatamente o efeito que o governo quer: frear o aumento nos preços, segurando a demanda.

Só que isso não é bom: economia parada é sinal de estagnação, desemprego e até menos impostos. Em qualquer país minimamente desenvolvido, o ideal é que essa situação de juros altos seja temporária. Assim que a inflação está sob controle, o Banco Central reduz a Selic e o povo volta a gastar de novo.

Se você entendeu a Selic, entendeu também o **CDI**, que é uma taxa dos bancos que, em termos práticos, tem o mesmo valor da Selic.[7]

Assim, se a Selic está em 10% ao ano, podemos considerar que o CDI "está rendendo" 10% também. Quando algo rende "100% do CDI", é equivalente a dizer "uma vez a Selic", ou na prática, "uma vez o CDI".

No nosso exemplo, a rentabilidade **bruta** (sem considerar os impostos) fica:

- 100% do CDI = 1X a Selic = 10% ao ano

É possível encontrar investimentos que superam 100% da Selic, mas, como você já sabe, maiores rendimentos trazem mais riscos – o que não combina com o colchão financeiro. Considere que suporte e atendimento também contam: não adianta nada

---

[7] A Selic anunciada pelo Banco Central é a Selic Meta, que costuma ser ligeiramente maior do que a Selic Over, a taxa efetiva utilizada na remuneração de investimentos como o Tesouro Selic. A aproximação entre CDI e Selic ocorre porque o CDI acompanha a Selic Over, com diferenças historicamente tão pequenas que é mais fácil estipular que ambas são iguais do que tentar entender este texto.

procurar o banquinho que mais paga, mas que na hora do perrengue não tem ninguém do outro lado para te atender.

Existem também duas outras boas opções para manter o seu dinheiro do colchão. A primeira delas são as **contas remuneradas**, disponíveis em empresas como Nubank e Pagseguro, e que têm a remuneração muito parecida com os investimentos CDB. Essas contas são legais, mas com duas dicas: mantenha o dinheiro do colchão separado do uso diário e longe das tentações. Para isso, elas oferecem recursos como "caixinhas", que ajudam a esconder o dinheiro que você quer reservar das tentações – protegendo você *de você mesmo*!

Porém, não se acomode com o rendimento automático das contas remuneradas. É exatamente por isso que você está lendo este livro: para sair do piloto automático e entender como funcionam investimentos mais avançados. Você vai precisar deste conhecimento, porque deixar todo o dinheiro em algo que rende pouco não é a escolha mais inteligente. Outra ótima opção para o colchão financeiro é o **Tesouro Selic**, tema do próximo dia. Até lá!

DIA 7: O MAPA DO TESOURO DIRETO

Você entregaria o seu dinheiro para alguém duvidoso cuidar? Tenho certeza que não. O que você diria então de confiar as suas economias ao (no mínimo) questionável governo brasileiro? Acredite ou não, essa pode ser a decisão mais segura e inteligente para começar a investir o seu dinheiro. Parece maluquice? Vamos explicar melhor.

Por que o governo precisa do meu dinheiro?

Boa pergunta! Afinal, o governo tem uma "impressora de dinheiro" e ainda vive nos cobrando impostos. Por que, então, ele precisa do nosso suado dinheirinho?

Acontece que, por mais que alguns políticos queiram, o governo não pode gastar à vontade. Existem leis que colocam freios nessa gastança, especialmente porque já tivemos um passado turbulento com hiperinflação (e ninguém quer voltar a isso).

Imagine o seguinte: temos mil reais circulando na economia, e o governo decide construir uma obra que custa 100 reais. Sem regras, bastaria apertar "Ctrl+P" na impressora de dinheiro e, *voilà*, problema resolvido... ou não.

O problema é que criar dinheiro do nada tem consequências. Quem viveu antes de 1994 (ou quem acompanha histórias como a da Venezuela) sabe bem disso. Dinheiro demais na praça, sem produção para acompanhar, perde valor. Resultado: inflação, a velha companheira do Brasil. E aí não adianta tapar o sol com a peneira, tipo criar moedas, cortar zeros ou tabelar preços.

A economia precisa de tempo para absorver mais dinheiro porque **tudo o que é urgente fica mais caro**, como contratar funcionários (e pagar horas extras) ou obter mais recursos naturais e energia rapidamente. Para evitar esse caos, os governos inventaram uma solução: os **Títulos Públicos**. Em vez de fabricar dinheiro novo, o governo pega emprestado o que já está em circulação (ou seja, o *nosso* dinheiro) e promete devolver com juros no futuro. Assim, ele pode gastar sem aumentar a quantidade monetária da economia, mantendo a inflação sob controle. Simples e eficiente.

Mas dá para confiar no governo?

Confiança realmente é a palavra mágica do mundo financeiro – sabia que "crédito" vem do latim *creditum*, que significa "coisa confiada"? A ideia de confiar no governo pode parecer estranha (até para mim, enquanto escrevo), mas vamos lá.

Quando você empresta dinheiro a um banco, ele precisa ter caixa para te pagar de volta, certo? Vale também para pessoas ou empresas. Com o governo, porém, é diferente: em último caso, ele pode literalmente imprimir o dinheiro para te pagar. Sim, isso traria inflação, mas o fato é que ele sempre terá como te pagar, já que é o dono da impressora. Mas nem precisa de tanto:

basta emitir novos títulos e "rolar a dívida", deixando para amanhã o que não se pode pagar hoje.

Além disso, o programa **Tesouro Direto** – que permite a nós, pessoas físicas, investir em títulos públicos – representa menos de 2% da dívida total interna do governo. Dar calote nesse pedacinho seria um tiro no pé, com consequências desastrosas para a economia e a imagem do Brasil lá fora. Ou seja, o governo sempre vai preferir pagar os seus credores a lidar com o caos financeiro. Um calote no Tesouro Direto traria impactos no seu dinheiro que você *acha* que está quietinho lá no seu bancão e, em última instância, até no valor do dinheiro da sua carteira.

Portanto, não faz sentido não confiar nos títulos públicos e deixar o dinheiro só nos bancos, que aplicam e dependem absurdamente dos títulos públicos. E sabe o que é mais curioso? Muitos cobram taxas absurdas para investir o seu dinheiro nesses mesmos títulos, algo que você pode fazer diretamente pelo Tesouro Direto, sem intermediários. É isso o que vamos aprender agora.

Começando no Tesouro Direto

O Tesouro é direto, mas com uma pequena curva no caminho. Para emprestar seu dinheiro ao governo e receber juros, você vai precisar de uma corretora como intermediária. Calma, não tem segredo! O cadastro é simples, gratuito, e hoje muitas corretoras já oferecem taxa zero para o Tesouro Direto, além de não cobrarem pela abertura ou manutenção da conta. O segredo é escolher uma corretora que te deixe confortável, considerando inclusive o suporte caso você precise de ajuda.

Até mesmo os grandes bancos entraram no jogo, permitindo investimentos no Tesouro Direto. Mas, geralmente, essa opção fica meio escondida no aplicativo e o gerente dificilmente vai te sugerir. Afinal, os bancos ganham bem mais quando você empresta o seu dinheiro a eles, não para o governo.

Depois de abrir sua conta na corretora e sinalizar interesse em investir, ela mesma faz seu registro no sistema do Tesouro Direto. A senha provisória para acesso será enviada para o e-mail que você cadastrou, e você só precisa alterá-la para uma definitiva. Escolha algo seguro e fácil de lembrar.

Limites e horários para investir no Tesouro Direto

- Mínimo: no Tesouro Direto, você compra "pedaços" de 1% do valor total do título. Por exemplo, se o título custa 1000 reais, você pode investir no mínimo 10 reais (1%). Ah, pode sobrar um troquinho dependendo do quanto investir, mas a corretora faz os cálculos para você automaticamente.
- Máximo: você pode investir até 2 milhões de reais por mês (para quem pode, né?).
- Horários: o Tesouro Direto funciona em dias úteis. O valor é debitado da sua conta na corretora na hora e o título aparece no seu portfólio no mesmo dia. Compras

fora do horário? Sem problemas, dá para agendar para o próximo dia útil.

Um ponto interessante é que o governo sempre garante a recompra do título. Ou seja, se você precisar vender **antes** do vencimento, ele compra de volta. Porém, atenção: vender antecipadamente pode gerar **prejuízo** dependendo do título e das condições do mercado.

Se decidir resgatar, o dinheiro cai na conta da corretora até no próximo dia útil, mas algumas corretoras podem demorar um dia útil a mais para transferir para a sua conta. Programe-se para evitar surpresas.

Taxas e impostos

- Taxa de custódia (cobrada pela nossa Bolsa, a B3): 0,2% ao ano sobre o valor investido.[8] É cobrada no vencimento, resgate antecipado ou pagamento de juros semestrais (se o título tiver cupons).
- Taxa de administração: como poucas corretoras ainda cobram essa taxa, não faz muito sentido. A maioria oferece taxa zero, então fique de olho.
- Imposto de Renda: o IR é descontado apenas sobre o lucro e segue a tabela regressiva: quanto mais tempo o seu dinheiro fica aplicado, menos imposto você paga.

---

8 No Tesouro Selic existe a isenção para valores de até 10 mil reais aplicados. O Tesouro Renda + e Tesouro Educa+ possuem regras diferenciadas, que podem até isentar da cobrança da taxa de custódia.

O dinheiro que cai na sua conta já vem com os impostos descontados pela corretora, então é só relaxar.

Até 180 dias	22.5%
De 181 a 360 dias	20%
De 361 a 720 dias	17,50%
Acima de 720 dias	15%

- Imposto sobre Operações Financeiras (IOF): se resgatar nos primeiros 30 dias, será cobrado IOF sobre o lucro. Começa em 96% no primeiro dia e reduz gradualmente até zerar no trigésimo dia. Após isso, nada de IOF!

Títulos do Tesouro Direto

Agora é hora de mergulhar nos diferentes tipos de títulos disponíveis no Tesouro Direto. Cada um deles tem características únicas, prós e contras – e o título ideal depende dos seus objetivos. Vamos entender direitinho!

Tesouro Selic

Esse título rende 100% da taxa **Selic** (a taxa básica de juros do Brasil). Mas quanto exatamente você vai ganhar? Isso só dá para saber lá na frente, porque o Tesouro Selic é **pós-fixado** – ou seja, o rendimento acompanha a variação da Selic ao longo do tempo.

O Tesouro Selic tem boa liquidez, boa rentabilidade e um baixíssimo risco, sendo uma ótima opção para você iniciar no mundo dos investimentos; além de render mais que a caderneta de poupança.

> **O Tesouro Selic é considerado o investimento mais seguro do Brasil, sendo muito interessante para você construir o seu colchão financeiro.**

Na prática, podemos considerar que ele só cresce, ou seja, você não vai ter prejuízo no Tesouro Selic, mesmo vendendo antes da data de vencimento (sim, ele também possui data na qual o dinheiro aplicado acrescido de juros cai automaticamente na sua conta da corretora). Para o uso do Tesouro Selic como colchão financeiro, considere apenas o prazo de liquidação que pode ser de um ou dois **dias úteis**, a depender da sua corretora. Pode valer a pena ter alguma reserva mínima para os fins de semana e feriados, principalmente se você não tiver um cartão de crédito com limite suficiente.

> ⚠ **Escolha o Tesouro Selic cuja data de vencimento mais aproxime dos seus objetivos – para o colchão, compre o de prazo menor.**

Tesouro Prefixado

O Tesouro Prefixado tem algumas características únicas. É a única modalidade em que o título valerá **mil reais no vencimento**, portanto, como você está comprando antes, pode levá-lo para casa com desconto. E por isso mesmo, somente no Tesouro Prefixado eu sei, de antemão, quanto vou receber **em reais** lá na frente. E isso é bom, porque me dá previsibilidade. Mas também esconde uma armadilha.

Mesmo se a inflação subir muito (bata na madeira!), a taxa de juros no vencimento vai ser aquela que você "cravou" com o governo **quando decidiu investir** e, nessa situação, o poder de compra do seu dinheiro pode cair.

O Tesouro Prefixado é como uma aposta de que o cenário econômico vai continuar estável ou melhorar. Deixo para a sua análise se essa é uma decisão sensata ou não para o nosso país. Mas é por essa *aposta* que eu acredito que o Tesouro Prefixado não é um título adequado a todos, porque mesmo no vencimento, você pode se dar mal, caso a inflação desande aqui no país.

Mas pode tirar antes do vencimento? Sim. Vendendo antes do prazo, você pode receber menos do que a taxa combinada, podendo receber até **menos do que você investiu (prejuízo)**! Mas, se der sorte, a taxa proporcional até a data da venda pode ser até maior do que a combinada. Confuso? Sim, é mesmo.

O vilão deste efeito tem um nome: **marcação a mercado**. Tirando o Tesouro Selic, todos os outros títulos estão sujeitos a ele. É um assunto bem complexo para o propósito deste livro, mas o ponto que você precisa saber é só esse:

> ⚠ **Não compre nenhum título (a não ser o Tesouro Selic) se você não conseguir levar este dinheiro até o prazo de vencimento do título!**

É verdade, se as condições econômicas do Brasil melhorarem em relação à data da compra do seu título, você poderá vendê-lo antecipadamente e com **mais lucro** do que tinha combinado com o governo. Encare isso não como um objetivo, mas como um efeito colateral bem-vindo caso aconteça.

Até porque o contrário pode aparecer: se você der o azar de precisar do dinheiro justamente quando a economia no Brasil piorou, você pode ter até **prejuízo** no Tesouro Direto! Novamente: no vencimento, não há marcação a mercado, e você receberá exatamente o que foi prometido a você no momento do seu aporte.

Tesouro Prefixado com juros semestrais

Existe uma variação do título chamada **Tesouro Prefixado com juros semestrais**. Nessa modalidade você recebe os juros a cada seis meses, também conhecidos como "cupons", que são adiantamentos da rentabilidade total. No caso específico desse título, o valor do cupom é fixo e vale 48,81 reais por semestre para cada título desse que você tiver comprado. Veja o exemplo a seguir de um Tesouro Prefixado 2035 comprado em janeiro de 2025.

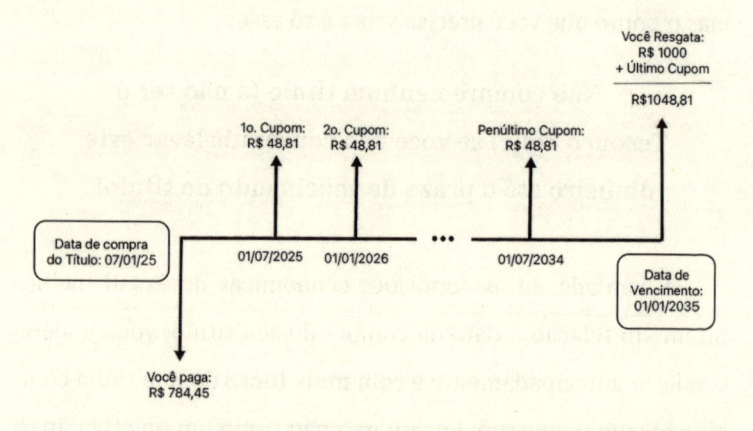

```
                                                                    Você Resgata:
                                                                    R$ 1000
                                                                    + Último Cupom
                                                                    ─────────────
                                                                    R$1048,81

                          1o. Cupom:    2o. Cupom:      Penúltimo Cupom:
                          R$ 48,81      R$ 48,81         R$ 48,81
                             ↑             ↑                ↑              ↑
   ┌──────────────┐          │             │                │              │
   │Data de compra│──────────┼─────────────┼────  ...  ─────┼──────────────┤
   │do Título: 07/01/25│   01/07/2025   01/01/2026       01/07/2034
   └──────────────┘                                                   ┌──────────────┐
            │                                                        │ Data de      │
            ↓                                                        │ Vencimento:  │
       Você paga:                                                    │ 01/01/2035   │
       R$ 784,45                                                     └──────────────┘
```

Esse tipo de título é ideal para quem deseja previsibilidade nos rendimentos, pois os valores dos cupons e o montante final são fixos e definidos no momento da compra, proporcionando segurança contra oscilações de mercado.

Mas qual é melhor? Prefixado **com cupom ou sem**? Lembre-se do seguinte: se você ainda está construindo seu patrimônio, cozinhando o bolo, não dá para ir tirando uma lasca e comendo o bolo ainda no forno. Sim, os cupons reduzem o efeito dos "juros sobre juros" porque incidem impostos, tanto no cupom, como na venda antecipada também. Então, se você ainda está acumulando patrimônio, quanto menos você mexer, mais dinheiro você vai ter lá na frente.

Mas se você já chegou na fase de usufruto do dinheiro, ou seja, já acumulou um patrimônio bacana e quer viver de renda, este título pode ser considerado por você.

Tesouro IPCA+

Tem uma parte do rendimento fixa e outra atrelada à inflação (IPCA). Em outras palavras, além da inflação, o tesouro promete X% ao ano de rendimento adicional. Isso na data de vencimento, claro; se vender antes, por conta desse percentual fixo, ele também sofre com a marcação a mercado. Portanto, cuidado com o prazo de vencimento.

> **O IPCA+ é uma boa opção para você proteger o seu dinheiro da inflação ao longo do tempo e preservar o seu poder de compra.**

Tesouro IPCA+ com juros semestrais

Esse título é parecido com o Tesouro IPCA+, mas com um adiantamento de parte da rentabilidade na forma de pagamentos semestrais (os cupons). Neste caso, o valor dos cupons em reais não é fixo, tendendo a aumentar ao longo do tempo, já que também acompanham a inflação.

É um título que pode ser interessante para quem quer uma renda protegida da inflação, especialmente após já ter acumulado um patrimônio. Mas, os pagamentos são semestrais enquanto seus boletos vencem todo mês.

Tesouro Renda+

Com foco na aposentadoria, em janeiro de 2023 o Tesouro criou um título chamado **Tesouro Renda+**. Funciona assim: a ideia é que você faça aportes regulares até uma determinada data. Até pode fazer resgates antes disso (para este título, apenas depois de 60 dias da aplicação), mas já sabe: vai ficar sujeito ao mercado.

E chegada esta data, vem o momento do usufruto: a partir dela, você passa a receber o rendimento do título mensalmente. E isso dura por 20 anos.

Quando a gente vê uma lista de títulos, costuma aparecer uma data no final do nome do título: "TESOURO IPCA+ 2035", por exemplo.

No Tesouro Prefixado, Selic e IPCA+, essa é a data do **vencimento** do título em que o resgate (do que você investiu acrescido de juros) é realizado automaticamente para a sua conta. Mas no Tesouro Renda+ é diferente: essa é a data do início desses pagamentos mensais.

Funciona assim: imagine que estamos em 2025 e você tem 30 anos de idade, pretendendo se aposentar aos 60 anos em 2055. Então você começa a comprar títulos Tesouro Renda+ 2055. Você terá de 2025 a 2055 para comprar os títulos com a frequência que puder para juntar o dinheiro para sua aposentadoria.

Você pode comprar mês a mês, investir o valor que quiser, e pode fazer aportes maiores de tempos em tempos ou de uma só vez. Total liberdade. Cada vez que comprar, vai ser o mesmo título, mas a rentabilidade oferecida muda de acordo com o mercado.

Quando chegar o ano de 2055, você começa a receber os frutos desse investimento, mês a mês, até 2075, ou seja, por exatamente 20 anos.

> ⚠ Apesar de ter sido pensado para a aposentadoria, é melhor não destinar todo o dinheiro para isso no Tesouro Renda+. Aliás, não faça isso em nenhum investimento único, diversifique!

Tesouro Educa+

Por fim, temos o mais novo título público, lançado em agosto de 2023. O Tesouro Educa+ é muito parecido com o Tesouro Renda+, só que ao invés do foco ser na aposentadoria, o Educa+ é adequado para pagar os **estudos** do seu filho – por exemplo, no período da faculdade.

A lógica é esta: digamos que seu filho nasceu em 2023. Então você começa a comprar títulos Tesouro Educa+ 2041 para começar a receber uma renda mensal 18 anos depois. Nesse exemplo, você tem de 2023 até 2041 para investir com esse propósito. Em 2041 você começa a receber os rendimentos junto com o valor principal, mês a mês, **divididos em um período de 5 anos**. E essa é outra diferença do Renda+, que paga por um período de 20 anos. No Educa+ são apenas cinco anos porque é esperado que este seja o tempo que seu filho fique na faculdade. Não se esqueça de incluir todos os custos envolvidos nos estudos dos filhos, não só o valor da mensalidade da faculdade, como alimentação, deslocamento e até a estadia em outra cidade.

Mas nem só de investimentos públicos vive a renda fixa. Chegou a hora de ver os **títulos privados** em detalhes. Vejo você por lá!

DIA 8: GANHAR DINHEIRO COM A RENDA FIXA

A essa altura você já deve ter sacado uma coisa: investir em renda fixa é basicamente **emprestar** dinheiro em troca de juros. Quando você faz isso com o governo, como vimos no **Dia 7**, o risco de não receber de volta é praticamente zero. Ou, pelo menos, bem menor do que aquele risco que a galera esquece que existe nos bancos – onde todo mundo acha que o dinheiro está 100% seguro.

Mas entre o governo (que é o "risco zero") e aquele seu cunhado (100% risco), tem mais jeitos de emprestar a sua grana e ganhar com isso. Hoje vamos explorar como você pode lucrar emprestando dinheiro para bancos, financeiras, empresas e até outras pessoas. Bora lá?

Quando a "renda fixa" não é tão fixa assim

Muita gente se enrola com o que significa renda fixa. Afinal, "renda cujo comportamento da rentabilidade é predefinido" soa mais como um trava-língua do que como uma explicação.

Vamos simplificar.

Nos investimentos **prefixados** (lembra do Tesouro Prefixado?) até faz sentido chamar os rendimentos de "fixos". Você sabe exatamente quanto vai render, tipo 15% ao ano. Legal, né? Bom, só é legal se você esperar até o vencimento. Antes disso, pode render mais, menos, ou você nem conseguir vender (o que não existe no Tesouro Direto). Essa flutuação no valor antes do prazo final é o famoso **risco de mercado**.

Com os títulos **pós-fixados**, como o Tesouro Selic, o nome "fixo" fica confuso. Isso porque o rendimento **varia** – segue a Selic acumulada no período. Ou, no caso do Tesouro IPCA+, rende a inflação mais um valor fixo. O detalhe é que ninguém consegue cravar quanto será o valor exato no futuro porque, convenhamos, adivinhar inflação ou Selic daqui a uns anos é um jogo em que até os economistas falham miseravelmente, embora continuem tentando.

Então por que chamam esses títulos de "renda fixa"? Porque tem uma **regra clara** para o rendimento do empréstimo. Só isso. Já na renda variável, como ações ou um novo negócio, não se trata de um empréstimo: é um salto no escuro. Pode dar bom, pode dar ruim, ou o seu dinheiro pode evaporar de vez, sem ter ninguém a quem você possa cobrar.

Então, já que a renda fixa é um empréstimo, o negócio é conhecer bem a pessoa que vai ficar com o seu dinheiro, para evitar o chamado **risco de crédito**, ou seja, ficar sem receber. Vamos ver como fazer isso.

Como emprestar aos outros sem risco (ou pelo menos com menos risco)

Quando você empresta dinheiro para o governo, o risco é basicamente o do próprio país. Mas e se você resolver confiar suas economias a um banco pequeno? Bom, bancos são negócios curiosos: eles ganham dinheiro usando o dinheiro dos outros! Não é à toa que dizem que o segundo melhor negócio do mundo é um banco mal administrado.

Por isso, pense duas vezes antes de colocar seu dinheiro em um banco que vive no vermelho. Se é para arriscar, melhor ir direto para a renda variável, onde o risco também é alto, mas os ganhos podem ser infinitos – ao contrário da renda fixa, que tem limite.

Como avaliar se um banco é confiável

Existem ferramentas ótimas para ajudar, como o site bancodata.com.br, que traz indicadores financeiros muito úteis. Aqui estão dois que valem a sua atenção:

- Índice de imobilização: quanto menor, melhor. Ele mostra o quão rápido o banco consegue devolver seu dinheiro. Se o banco tem muito do patrimônio preso em imóveis ou outros bens, pode demorar para transformar isso em dinheiro vivo. O Banco Central aceita até 50%, mas quanto menos, mais tranquilo para você.
- Índice de basileia: aqui a lógica é o oposto – quanto maior, melhor. Se um banco tem 25% nesse índice, significa

que, para cada 100 reais emprestados, ele tem 75 reais de patrimônio próprio para segurar prejuízos. O mínimo exigido pelo Banco Central é 11%, mas um índice maior indica mais segurança, pois mostra mais capacidade do banco de absorver possíveis prejuízos.

As agências de rating

Quando o assunto é saber se o lugar onde você vai investir é seguro, não precisa ser um expert solitário. Existem as **agências de rating**, que são como verdadeiros "detetives do risco" no mundo financeiro. Elas investigam tudo sobre bancos, empresas e títulos privados e dão uma nota – tipo um boletim – que indica o quão confiável é investir ali. Pense nelas como aquele amigo que te avisa "aqui parece tranquilo, mas ali... cuidado!"

O processo começa com uma análise profunda da saúde financeira do emissor. É como uma checagem de histórico:

- Grana entrando e saindo: elas verificam quanto o banco ou a empresa ganha e gasta. Já rolou calote antes? Esse detalhe também entra na conta.
- Setor de atuação: algumas áreas, como tecnologia ou *startups*, são mais arriscadas do que setores consolidados e isso pesa na nota.
- O título em si: tem garantia, como imóveis? E o prazo é curto ou longo? Um título que demora anos para vencer é mais arriscado porque quem sabe o que pode acontecer até lá?

Com tudo isso, elas dão uma **nota de rating**. O topo da lista é o AAA, o equivalente a uma nota 10 no boletim. Quanto menor a nota, maior o risco de dor de cabeça: AA, BB e assim por diante. As notas mais baixas avisam que a chance de calote é bem maior.

As notas são uma mão na roda para ajudar você a decidir onde investir. Mas tem um detalhe importante: as agências não têm bola de cristal – e costumam estar enganadas de vez em quando. Até títulos AAA podem dar problema se algo inesperado acontecer. Lembra da crise de 2008? Pois é, mesmo títulos com notas altas levaram investidores ao prejuízo. Por isso, o rating é só uma parte do quebra-cabeça. Você também precisa fazer sua lição de casa, sobretudo na parte da diversificação, investindo em vários títulos em vez de apostar tudo em um só.

> Hoje existem sites que tornam tudo mais fácil. Eles mostram não só o rating, mas também a data de vencimento, a rentabilidade e até o valor mínimo para investir em cada título. Assim, dá para comparar e escolher com mais confiança onde colocar seu dinheiro.

Mas e se o banco não me pagar de volta?

Sim, você está correto por se preocupar. A vantagem é que alguns investimentos contam com a proteção do **Fundo Garantidor de Créditos (FGC)**. Ele funciona como um tipo de seguro que devolve seu dinheiro caso uma instituição financeira quebre. E o melhor: não é você quem paga por isso – os próprios bancos fazem uma vaquinha para formar o fundo, como uma reserva para proteger os clientes.

Se o banco quebrar, o FGC cobre **até 250 mil reais por CPF e por instituição financeira** (ou grupo econômico). Mas atenção: há um **limite máximo** de 1 milhão de reais de proteção por CPF a cada quatro anos, somando todos os seus investimentos protegidos em diferentes instituições.

> ⚠ Se você tiver 200 mil reais em um banco e outros 200 mil em uma financeira do mesmo grupo econômico, apenas 250 mil reais serão protegidos pelo FGC! Portanto, ao diversificar seus investimentos de renda fixa, procure bancos que não fazem parte do mesmo grupo.

Mas então se um investimento em renda fixa tiver proteção do FGC tudo está tranquilo? Podemos arriscar sem medo? Nada disso!

Pense no FGC como um airbag: ótimo ter, mas melhor não precisar usar. Ele não é garantia de que tudo será perfeito. Eu gosto de imaginar o FGC como um seguro para o banco, não para você. O FGC pode levar meses para ressarcir o seu dinheiro e, durante este período, você não recebe juros.

Lembre-se também que é na renda fixa onde estão os nossos objetivos financeiros que têm uma data, um prazo marcado para acontecer, como comprar um carro, o casamento ou até o seu colchão financeiro. Vale a pena arriscá-los em um banco que pode quebrar só porque o investimento tem garantia do FGC?

E os grandes bancos também contam com o FGC? Sobre isso, tenho uma notícia boa e outra ruim, qual você quer ouvir primeiro? Vou começar pela pior: se um banco gigante quebrar, o FGC não consegue segurar o estrago. Seria como uma seguradora tentando cobrir a perda total de milhares de carros ao mesmo tempo, ou seja, o dinheiro está longe de dar conta.

Mas a boa notícia é que você pode dormir tranquilo: nenhum governo deixa um bancão quebrar, já que a própria economia estaria em risco. Para minimizar o estrago, podem acontecer também fusões ou aquisições por outras instituições.

O risco está na corretora que me vendeu o título?

Aqui vale um cuidado extra. Corretora e emissor do título não são a mesma coisa. Pense na corretora como um supermercado de investimentos que exibe produtos de várias "marcas". Exatamente como num supermercado, existem produtos de marca própria, mas também de terceiros. Quando a corretora vende um título para você, ele é registrado diretamente no seu nome. Caso a corretora venha a quebrar um dia, basta que você faça a transferência para outra e vida que segue.

O que importa mesmo é o emissor do título, ou seja, quem está ficando com o seu dinheiro no final. A corretora é apenas intermediária e, claro, ganha uma comissão por ter te vendido o produto.

Por isso, antes de investir, foque na análise do emissor, verificando sua saúde financeira e histórico de pagamentos. O FGC até pode te proteger, mas evitar dores de cabeça é sempre o melhor investimento.

Investimentos com garantia do FGC

Vamos começar com aqueles investimentos de renda fixa assegurados pelo FGC. Alguns deles possuem isenção de impostos para as pessoas físicas. Para os outros que não são isentos, vale a tabela regressiva da renda fixa. Você não precisa recolher os impostos, eles já vêm descontados pela corretora com as alíquotas que vimos na tabela da página 79.

Assim como no Tesouro Direto, os investimentos privados de renda fixa também podem ser de três tipos:

- Pré-fixado: juros definidos no momento da aplicação (por exemplo, 12% ao ano). O risco é a inflação subir e você ficar com a bucha na mão: uma taxa baixa "cravada" até o vencimento do título.
- Pós-fixado: rentabilidade atrelada ao CDI (que segue a Selic).
- Misto: Combina uma variável (como o IPCA) somada com uma parte fixa (+5%, por exemplo).

Poupança
- Como funciona: você deposita dinheiro no banco, que o usa para financiar crédito e habitação.

- Liquidez: tem resgate imediato, mas o rendimento só acontece no "aniversário" do depósito. Se depositar no dia primeiro e sacar no dia 31 do mesmo mês, o rendimento é zero.
- Investimento mínimo: nenhum.
- Rentabilidade:
  > Se a Selic está acima de 8,5% ao ano, a poupança rende 0,5% ao mês + TR (Taxa Referencial, que nos últimos tempos tem sido próxima de zero).
  > A poupança rende 70% da Selic enquanto a taxa Selic estiver igual ou inferior a 8,5% ao ano.
  > Sabia que somente as pessoas físicas não pagam imposto de renda na poupança?

⚠ **Mesmo isenta de impostos, a poupança rende pouco. Deixe pouco dinheiro aqui e apenas se isso fizer você dormir tranquilo.**

CDB (Certificado de Depósito Bancário)

- Como funciona: é o tipo de investimento bancário mais comum depois da poupança. Você empresta dinheiro ao banco em troca de juros. Bancos menores costumam oferecer mais retorno, mas você sabe que isso tem um motivo: eles têm mais risco.
- Liquidez:
  > Diária: resgate a qualquer momento.

> No vencimento: apenas na data final combinada e geralmente com melhores taxas de juros. Se quiser o seu dinheiro antes disso pode haver prejuízo.

CDBs de liquidez diária com 100% do CDI ou mais são ótimos para metas de curto prazo, como o colchão financeiro.

LCI (Letra de Crédito Imobiliário) e LCA (Letra de Crédito do Agronegócio)

- Como funciona: seu dinheiro é usado para financiar o mercado imobiliário ou atividades do agronegócio.
- Liquidez: o resgate é geralmente após 9 meses. Antes disso só se o banco permitir.
- Investimento mínimo: a partir de mil reais, mas alguns bancos aceitam valores menores.
- Características especiais: Isento de Imposto de Renda para pessoas físicas.

Uma LCI ou LCA *mista* (IPCA + taxa fixa) é ótima para proteger o dinheiro contra a inflação em prazos mais longos, garantindo ganhos *reais* para o seu patrimônio.

LC (Letra de Câmbio)

- Como funciona: emitida por financeiras que, ao contrário de banco, geralmente não oferecem conta corrente ou cartão de débito. Como as financeiras têm mais risco do que os bancos, costumam oferecer juros maiores. Mas

o conceito é o mesmo: você empresta dinheiro e recebe juros em troca. Embora tenha a palavra "câmbio" no nome, não tem nada a ver com dólar ou moedas.
- Liquidez: normalmente só no vencimento (de seis meses a cinco anos).
- Investimento mínimo: é mais comum partir de mil reais.

Depósito a Prazo com Garantia Especial (DPGE)
- Como funciona: És tu um dinheirudo e gostaria de contar com mais garantia do que os 250 mil reais do FGC? Seus problemas acabaram! O DPGE é similar ao CDB, mas com garantia maior para o FGC (é daí que vem o "especial" da garantia): de até 40 milhões de reais!
- Liquidez: apenas no vencimento, com prazo mínimo de dois anos.
- Investimento mínimo: valores elevados, geralmente a partir de 100 mil reais.

Investimentos de renda fixa sem cobertura do FGC

Nem todos os investimentos de renda fixa contam com a proteção do Fundo Garantidor de Créditos (FGC). Apesar disso, muitos deles oferecem uma rentabilidade maior para compensar o risco extra. Mas **cuidado**: não se deixe levar pela promessa de altos retornos, a análise da saúde financeira do emissor e do rating de crédito são fundamentais.

Vamos ver os principais investimentos deste tipo:

CRI e CRA (Certificados de Recebíveis Imobiliários e do Agronegócio)

- Como funciona o CRI: seu dinheiro financia o setor imobiliário, e os juros que você recebe vêm de vendas parceladas de imóveis, aluguel ou outras operações ligadas ao mercado imobiliário.
- Como funciona o CRA: semelhante ao CRI, mas direcionado ao setor do agronegócio, como financiamentos para produtores rurais ou empresas agrícolas.
- Liquidez: não têm liquidez diária. Só é possível resgatar no vencimento ou tentar vender no chamado mercado secundário (repasse a outras pessoas) se houver interessados, claro.
- Investimento mínimo: normalmente a partir de mil reais, mas varia dependendo da corretora ou emissor.
- Características especiais:
  > Isentos de Imposto de Renda para pessoas físicas.
  > Não têm a garantia do FGC, mas são lastreados por ativos ou recebíveis (contratos de aluguel ou vendas de safra, por exemplo).
  > São investimentos de médio a longo prazo, geralmente entre três e dez anos.

Debêntures

- Como funcionam: são títulos emitidos por empresas, não por bancos. Você empresta dinheiro diretamente para

elas, que usam os recursos para expandir suas operações, pagar dívidas ou financiar projetos.
- Tipos de Debêntures:
  > Comuns: o Imposto de Renda é cobrado.
  > Incentivadas: oferecem isenção de Imposto de Renda para pessoas físicas, quando usadas para financiar projetos de infraestrutura.
- Liquidez: o resgate é geralmente apenas no vencimento. Também podem ser negociadas no mercado secundário, mas a liquidez depende de haver compradores.
- Investimento mínimo: a partir de mil reais, mas algumas exigem valores maiores.
- Características especiais:
  > Prazo de vencimento entre dois e dez anos.
  > Rendem mais que CDBs ou LCIs justamente porque são mais arriscados do que eles, já que não têm FGC.
  > Podem ter garantias adicionais, como bens da empresa (imóveis, por exemplo) ou serem subordinadas, o que significa que têm maior risco porque você só vai receber após outros credores.

Investimento na economia real: Peer-to-Peer Lending (P2P Lending)
- Como funciona: uma forma inovadora de conectar investidores diretamente a empresas ou pessoas que precisam de crédito mais rapidamente, sem bancos e

burocracia no meio. Plataformas digitais (fintechs) fazem o trabalho de analisar e gerenciar esses empréstimos.

- Como as plataformas operam:
  > Analisam rigorosamente o crédito das empresas, classificam o risco e definem uma taxa proporcional.
  > Gerenciam os pagamentos das parcelas para repassar a nós, investidores.
- Do seu lado: você escolhe para quem deseja emprestar e pode diversificar entre vários projetos ou empresas.
- Risco principal: inadimplência. O maior risco é o tomador do empréstimo não pagar. A fintech é apenas o meio de campo do processo, então o risco real está na empresa que recebe o dinheiro.

⚠ **Diversifique e invista um pouco em cada projeto para minimizar os impactos de um calote.**

E agora que você aprendeu a proteger o seu dinheiro, chegou a hora de separar os adultos das crianças: a tão misteriosa, temida e poderosa **renda variável** é o tema do próximo dia. E eu te vejo lá.

CAPÍTULO 4

MULTIPLICANDO SEU PATRIMÔNIO

DIA 9: COMO FUNCIONA A BOLSA DE VALORES?

Você arriscaria o seu dinheiro em algo que não tem nenhuma garantia de sucesso? Mais do que isso: apostaria em algo que pode ter risco de perda **total** – em alguns casos, podendo levar embora mais dinheiro até do que você investiu?[9]

Olhando só a metade vazia do copo, ninguém aceitaria tanto risco, certo? Mas tem um detalhe curioso: esse investimento que tantos evitam por medo pode ser justamente o que separa quem enriquece de quem não sai do lugar. É o que, no longo prazo, tem o maior potencial de transformar sua relação com o dinheiro para melhor.

---

9   Fique tranquilo. O risco de perda superior ao capital investido ocorre apenas em situações específicas, como operações com margem ou derivativos, que não veremos aqui.

Falando desse jeito, bate até uma curiosidade, né? Claro, ninguém está dizendo para se jogar de cabeça sem entender nada. Antes de se arriscar, você já aprendeu nos **Dias 6**, **7** e **8** como proteger seu dinheiro. Agora é hora de aprender como incluir na sua estratégia aqueles investimentos que, apesar de serem mais arriscados, podem trazer resultados incríveis. E, claro, sempre com boas práticas para minimizar os riscos, já que aqui não há certeza de nada.

Você já pensou em empreender, mas sente que não tem o perfil ou a estrutura para isso? Ou talvez você seja do time que acha que os bancos lucram horrores no Brasil? Pois bem, tem uma ideia que pode unir esses dois mundos: e se você se tornasse **sócio** de um grande banco?

Sim, isso mesmo! Imagine ser um pequeno dono de um gigante financeiro, recebendo uma parte dos lucros (os famosos **dividendos**) sem se preocupar com a operação ou com os *pepinos* do dia a dia. Melhor ainda: sem precisar trabalhar nem um minutinho no banco!

Isso é possível comprando **ações na Bolsa de Valores**. E não só de bancos: você pode ser sócio de algumas das maiores empresas do Brasil em setores como energia, telecomunicações, alimentos, moda, e muito mais. Que tal, hein?

Por que uma empresa vai para a Bolsa

Imagine o seguinte: você teve uma ideia genial de negócio e colocou em prática. Logo o dinheiro começa a entrar – 10 mil reais de lucro por mês, ou 120 mil por ano. Mas aí você percebe que dá para ir além e começa a sonhar grande. O problema? Crescer custa caro e você não tem essa grana no bolso.

Pegar um empréstimo no banco? Pode ser, mas aí você tem dois riscos: o do negócio e o dos juros. As receitas terão que dar conta do pagamento ao banco, do salário dos seus funcionários e dos impostos para então, quem sabe, sobrar algum lucro para você. E se as coisas derem errado? O banco vai querer o dinheiro de volta com juros e correção, sem dó nem piedade.

É aí que surge uma ideia esperta: vender "pedaços" da sua empresa. Sim, você convida outras pessoas para virarem sócias do negócio. Em troca do dinheiro que elas investem, você oferece **ações** – pequenas partes da sua empresa. Com isso, você consegue levantar a grana necessária para crescer sem criar uma dívida gigantesca.

E o melhor: não precisa pagar os sócios de volta como teria que fazer se emprestasse do banco. Tudo o que você precisa fazer é convencer os outros investidores de que vale a pena investir em você: o seu negócio precisa ser atraente e o seu plano de expansão bem bolado. Ninguém coloca dinheiro onde não vê potencial, né?

Agora vem a mágica: com o investimento dos novos sócios, a sua empresa decola e passa a lucrar 35 mil reais por mês – ou 420 mil por ano! E como fica a divisão desse lucro? Simples: cada sócio recebe uma parte proporcional ao número de ações que possui. Mas como você ainda tem mais de 50% da empresa, continua com o maior pedaço do bolo. Todo mundo sai ganhando e o negócio cresce cada vez mais!

E o mais legal? Esse crescimento não enche só o bolso dos sócios, mas também ajuda a economia do país inteiro a girar. Mais empregos são gerados, fornecedores vendem mais e até os cofres do governo se enchem com impostos.

Por isso, antes de torcer o nariz para os "especuladores", lembre-se de que eles ajudam a mover a economia. Um país próspero sempre tem uma Bolsa de Valores forte, cheia de empresas de capital aberto. Então da próxima vez que ouvir sobre a Bolsa, pense que é lá que muitos sonhos saem do papel e mudam o mundo ao nosso redor.

A Bolsa na vida real

Na prática, a Bolsa de Valores funciona exatamente assim: empresas gigantes vendem pedacinhos de si mesmas (as ações) a investidores do Brasil e do mundo todo. Quando uma empresa entra na Bolsa pela primeira vez, as ações que você compra vêm diretamente dela, em um processo chamado **IPO (Oferta Pública Inicial**, na sigla em inglês).

> **Eu prefiro evitar os IPOs e os primeiros anos das empresas recém-chegadas à Bolsa. Por quê? Porque nesse período elas ainda precisam provar que colocam em prática uma boa *governança corporativa* – o conjunto de regras que garantem transparência e responsabilidade na administração, considerando a nova realidade da empresa, que agora terá milhares de novos sócios.**

Por outro lado, quando você compra ações de uma empresa que já está há tempos na Bolsa, não é a empresa que te entrega as ações, mas sim outro investidor como você.

Pense na Bolsa como um mercadão digital, onde um lado tenta vender caro e o outro tenta pechinchar. Quando os dois concordam no preço, a Bolsa bate o martelo e o negócio sai, garantindo que o dinheiro vá para um lado e a ação para o outro.

O que a notícia quer dizer?

Talvez você já tenha ouvido falar algo como "os papéis da Petrobrás (PETR3) fecharam em queda 2% hoje". Vamos entender o que isso quer dizer?

Começando pelo termo "papéis". Sim, antigamente era o que você recebia quando comprava uma ação, um certificado físico mesmo. Hoje, as ações são digitalizadas, ficando registradas no seu nome pela Bolsa de Valores, a **B3**, abreviação de **Bolsa, Brasil, Balcão** (a única do nosso país, por enquanto).

O que leva uma ação a cair ou subir?

- Notícias boas para a empresa (um novo produto ou aumento dos lucros, por exemplo) fazem muita gente querer comprar. Você sabe: quando todo mundo quer comprar uma coisa ao mesmo tempo, o preço sobe.
- Notícias ruins (problemas financeiros, escândalos ou prejuízos) têm o efeito contrário: quando tem gente querendo vender, os preços precisam cair para achar um comprador interessado.

E o preço das ações mostra as percepções do mercado sobre a empresa naquele momento. Esse valor é influenciado por fundamentos sólidos como lucros, dívidas e perspectivas de crescimento, mas também pode ser abalado por fatores passageiros ou irracionais como boatos ou uma simples postagem de alguém importante.

Mas quem dera que fossem apenas as notícias da empresa que se refletissem na sua cotação. Fatores econômicos também impactam o mercado no geral, bagunçando (ou salvando) a sua carteira de investimentos.

Você já ouviu aquele ditado: *quando os Estados Unidos espirram, o resto do mundo pega um resfriado*? Pois é, na Bolsa de Valores isso é quase lei. Acontece porque os EUA são a maior economia do mundo e quase tudo é cotado em dólar (incluindo o que produzimos aqui no Brasil). Qualquer mudança significativa na **política monetária**, como uma alta dos juros pelo *Federal Reserve* (o Banco Central americano), pode impactar no mundo todo, especialmente em países emergentes como o nosso.

Para você entender, imagine que os Estados Unidos aumentem os juros dos seus títulos públicos. Estamos falando do instrumento mais seguro do mundo pagando mais juros! Por que cargas d'água o investidor gringo se arriscaria na renda variável e no Brasil ainda por cima? Essa saída dos gringos daqui impacta negativamente o preço das ações brasileiras, além do próprio valor do real frente ao dólar.

Mas esse negócio de ficar comprando e vendendo ações conforme mudam as taxas de juros pode ser uma péssima estratégia para você. Os investidores institucionais (os famosos tubarões do mercado) fazem essas jogadas arriscadas porque precisam demonstrar resultado rápido. E adivinha? Às vezes até eles quebram a cara.

Nossa tese aqui é investir para ser sócio da empresa para o longo prazo. E isso requer se sentir bem quando a cotação sobe, mas sem realizar pequenos lucros no curto prazo. Também significa não se desesperar quando a cotação cai. Na verdade, é uma oportunidade de levar mais ações para casa, gastando o mesmo dinheiro de sempre.

⚠ **Afaste-se do costume de ficar olhando a cotação das ações a todo momento. Caso contrário, é quase impossível não fazer besteira.**

Mas não podemos esquecer da política! Eleições, mudanças de governo ou aquela reforma que é igual político: promete, mas nunca cumpre, sabe? Tudo isso pode deixar o mercado em clima de novela mexicana, cheio de altos, baixos e reviravoltas inesperadas. Em mercados emergentes como o nosso, esses eventos têm um impacto ainda maior, pois os investidores não querem saber de risco em momentos de pânico ou incertezas.

E não podemos esquecer dos imprevistos internacionais! Um furacão, um navio entalado no meio do canal de Suez, ou mesmo uma treta do outro lado do mundo podem causar um efeito dominó que chega até a ação da sua empresa favorita.

No curto prazo o mercado pode parecer um carrossel desgovernado, mas no longo prazo ele tende a recompensar quem escolheu boas empresas.

> Na Bolsa de Valores *tudo* pode acontecer no curto prazo. O que salva o seu dinheiro é não correr riscos demais, ter dinheiro na renda fixa e diversificar, escolhendo várias boas ações para fazer uma *carteira de ações para o longo prazo*.

Tipos de ações na Bolsa

E o que vem a ser o código **PETR3**? É o chamado *ticker*, que traz informações como o tipo do ativo (no caso, uma ação), de qual empresa (no nosso exemplo, é o *ticker* da empresa Petrobrás) e o último dígito (um número) identifica o tipo da ação, assim:

- Quando o final é 3, as ações são do tipo Ordinárias (ON), que dão direito a voto nas assembleias de acionistas da empresa. Mas o que importa para a gente realmente é que este é o tipo das ações que os "donos" de verdade da empresa (os controladores) têm, então você está no mesmo jogo que eles. Por exemplo, você terá os mesmos direitos caso a empresa for vendida.

- Quando o final é 4, 5 ou 6, as ações são do tipo Preferenciais (PN). Quem tem ações PN normalmente não tem os mesmos direitos societários. Por outro lado, tem prioridade para receber dividendos e ativos da empresa antes dos outros se ela for encerrada.

- E se o final for 11, trata-se de uma *unit*,[10] que é como um "pacote" contendo um determinado número de ações

---

10 Cuidado: o código de final 11 é utilizado não só nas *units*, como também nos Fundos Imobiliários e ETFs.

ordinárias e preferenciais. Quando a empresa tem *units*, a maioria dos negócios acaba sendo dela, prejudicando a negociação das ações ON e PN de forma isolada (pode ser mais difícil comprar e vender).

Tag Along: um detalhe nada pequeno

É muito importante conferir a política da empresa no Estatuto, pois nem todas oferecem *tag along* para todos os tipos de ações. Por exemplo, se o dono da empresa (controlador) vender ações por 100 reais e você tiver *tag along* de 80%, poderá vender as suas por pelo menos 80 reais. Empresas que estão classificadas no **novo mercado** (segmento de maior governança corporativa da Bolsa) só possuem ações ON, sempre oferecendo 100% de *tag along*, garantindo maior proteção aos acionistas.

> Quando a empresa Ambev negociava com a Belga Interbrew, as ações PN desvalorizaram porque não tinham *tag along*. Já as ON aumentaram de preço. Ou seja, se você tinha a ação PN dessa empresa, teve que dar um belo de um desconto para vender suas ações. Fique de olho nisso.

Como investir na bolsa com pouco dinheiro

Na B3, as ações são negociadas em lotes de 100. Isso significa que se uma ação como PETR3 custa 40 reais, você precisará de 4 mil reais para comprar um **lote padrão**.

Mas e se você tiver menos dinheiro? Sem problemas! Existe o **mercado fracionário**, em que você pode comprar ações uma por uma.

No mercado fracionário, o *ticker* ganha um **F** no final. Por exemplo, **PETR3F**. Assim você pode investir em ações mesmo com um orçamento menor.

Uma diferença: como o mercado fracionário tem menos negociações, o preço de uma ação fracionada pode ser um pouquinho diferente do valor do lote padrão dividido por 100. Mas quando você acumular 100 unidades de ações no mercado fracionário, elas formarão um lote padrão que poderá ser negociado normalmente como tal.

Crescer ou estabilizar: qual a sua escolha?

Na Bolsa, existem dois tipos de ação para escolher: as que focam em **crescimento** e as que apostam em estabilidade (**valor**).

As de **crescimento**, geralmente de empresas em expansão como as do setor de tecnologia, **reinvestem** a maior parte dos lucros para acelerar o desenvolvimento. Durante essa fase é comum que paguem poucos ou nenhum dividendo e até que registrem prejuízos no começo.

Por outro lado, ações de **valor** são de empresas mais maduras, que geram receita consistente e frequentemente distribuem lucros aos acionistas. Bons exemplos disso são empresas de energia ou saneamento que, após realizarem investimentos iniciais de grande porte, como a construção de usinas ou redes de transmissão, possuem um caixa mais estável. Esse dinheiro acaba sendo distribuído aos acionistas em forma de dividendos, tornando essas ações uma escolha atraente para quem prefere mais segurança e retorno regular.

Setores da Bolsa

Cada setor da bolsa brasileira apresenta características únicas em relação a dividendos, risco e estilo de investimento.

⚠ <u>Os exemplos de empresas a seguir são apenas ilustrativos de cada setor e não são recomendações de investimento.</u>

1. Setor financeiro

O setor financeiro, que inclui bancos como Itaú (ITUB3) e Bradesco (BBDC3), é um dos mais tradicionais na bolsa brasileira. Essas empresas são conhecidas por pagarem dividendos consistentes e altos, o que atrai investidores em busca de renda passiva. No entanto, o setor está sujeito a riscos econômicos, como aumento na inadimplência e mudanças na taxa Selic, o que afeta os lucros.

2. Setor de energia e saneamento

Companhias como Engie (EGIE3), Copel (CPLE6) e Sabesp (SBSP3) são algumas do setor de energia e saneamento, altamente reconhecidas por seus **dividendos generosos e previsíveis**. Esses setores possuem fluxos de caixa estáveis, já que fornecem serviços essenciais. Contudo, estão sujeitos a riscos regulatórios e intervenções governamentais. Essas ações são, em sua maioria, consideradas **ações de valor**, ideais para investidores que priorizam retorno mais consistente.

3. Setor de commodities

Empresas como Vale (VALE3), Petrobras (PETR4), e Suzano (SUZB3) dominam esse setor, sendo altamente influenciadas pelo mercado internacional e pelo câmbio. O setor de *commodities* pode oferecer **ações de crescimento** (como a Suzano, que reinveste para expansão) e **ações de valor** (como a Petrobras, com seus dividendos robustos). Porém, os riscos são elevados, já que os preços das *commodities* variam bastante devido a fatores globais, como demanda e eventos políticos internacionais.

4. Setor de consumo e varejo

Com nomes como Magazine Luiza (MGLU3) e Ambev (ABEV3), o setor de consumo é diversificado. Enquanto varejistas como Magazine Luiza estão mais associadas a **ações de crescimento**, com foco na expansão de mercado e inovação, empresas como Ambev são conhecidas por gerar fluxos de caixa sólidos, o que sustenta pagamentos de dividendos, caracterizando-as como **ações de valor**. O risco aqui está no impacto de juros altos, que afetam o consumo e a alavancagem (dívidas) das empresas.

5. Setor de tecnologia

Apesar de ainda ser pequeno no Brasil, com empresas como Totvs (TOTS3) e Locaweb (LWSA3), o setor de tecnologia é um exemplo típico de **ações de crescimento**. Essas empresas reinvestem a maior parte dos lucros para expandir, o que significa dividendos baixos ou nenhum mesmo. No entanto, a expectativa de valorização no longo prazo é alta, embora o risco também seja significativo, devido à competição e ao ritmo acelerado de mudanças no setor.

6. Setor de saúde

Empresas como Hapvida (HAPV3) e Fleury (FLRY3) atuam em um setor resiliente, já que saúde é uma necessidade básica. Apesar de não serem grandes pagadoras de dividendos, essas empresas oferecem crescimento sólido, especialmente em um país com envelhecimento populacional. Os riscos incluem a regulação governamental e custos crescentes, mas elas geralmente são uma boa escolha para investidores que buscam equilíbrio entre **crescimento** e **estabilidade**.

> Cada setor da Bolsa possui características únicas, como maior ou menor previsibilidade nos lucros e exposição a riscos específicos. Diversificar entre diferentes setores é uma estratégia importante para reduzir riscos e equilibrar sua carteira de investimentos.

Perfil de investidor: quem é você no mundo dos investimentos?

Investir é como escolher uma aventura: uns preferem a emoção de descer uma montanha-russa, outros gostam da tranquilidade de uma roda-gigante. E é aí que entra o **perfil de**

investidor. Ele ajuda a entender o seu nível de tolerância a riscos, seus objetivos e como você reage quando a maré vira.

1. Conservador: o pé no freio

Você é aquele tipo que gosta de segurança e não curte arriscar muito? Então você é do time conservador!

- Como investe: prefere opções mais estáveis, tipo Tesouro Direto e CDBs. Deve evitar investir muito dinheiro em renda variável.
- Tolerância ao risco: baixíssima. Só de pensar em perder dinheiro já dá arrepio. Tem muito pouco conhecimento sobre investimentos.
- Objetivo: preservar o que já conquistou e ter retornos consistentes, mesmo que menores.

2. Moderado: o equilibrado

Para este tipo, um pouco de risco faz parte do jogo, mas sem perder o sono.

- Como investe: gosta de um mix – uma maior parte em renda fixa e o restante em ações ou fundos imobiliários.
- Tolerância ao risco: média. Aceita algumas quedas no curto prazo, desde que a longo prazo o saldo seja positivo.
- Objetivo: crescer o patrimônio, mas sem grandes sustos.

3. Agressivo: o corajoso

Adrenalina é o seu sobrenome? Você não tem medo de riscos e sabe que grandes ganhos podem vir de grandes apostas (haja fé!).

- Como investe: está sempre de olho em ações, criptomoedas, *startups* e até aquele investimento super inovador que pouca gente conhece ou acredita.
- Tolerância ao risco: altíssima. Oscilação do mercado? Faz parte do show. Possui boa experiência em produtos financeiros.
- Objetivo: crescimento acelerado e, quem sabe, dar aquela turbinada nos lucros a longo prazo.

Você tem diferentes perfis

Isso que a gente acabou de ver faz parte de um teste rápido que a maioria das corretoras faz quando você vai abrir a sua conta. Ele é chamado de *suitability*. É uma tentativa, uma aproximação da realidade, para que os investimentos sejam adequados à sua tolerância ao risco. Melhor do que nada, né?

Mas a vida real é bem mais complexa. A mesma pessoa pode ser mais conservadora em um momento específico da vida, como quando está começando a investir ou diante de uma adversidade financeira. Mas ela própria pode ter uma maior tolerância a riscos para investimentos de longo prazo.

Seja como for, faça estas perguntas a você mesmo:

- Será mesmo que sou conservador? Você não conseguiria ver uma parte do seu dinheiro (de longo prazo) oscilar nem um pouquinho?
- Será mesmo que sou arrojado? Muitas pessoas dizem-se assim quando tudo está em alta. Mas quando o mercado cai um pouco, a coragem passa e acabam chorando no banho.

Seu perfil de investidor ajuda a definir sua tolerância ao risco e a composição ideal da sua carteira. Mas um investidor conservador pode ainda incluir uma pequena porcentagem de ações de valor ou **fundos imobiliários**, buscando algum crescimento sem comprometer a segurança. Já os investidores arrojados podem equilibrar sua carteira com renda fixa para amortecer quedas em momentos de volatilidade.

⚠ **Não tem problema nenhum em ser conservador nos investimentos, até porque não existe um perfil melhor do que o outro. O que não pode é ser conservador em todos os aspectos financeiros da sua vida e na sua carreira, fugindo de riscos a todo custo.**

Bom, agora que você já sabe como funciona a dinâmica da Bolsa de Valores, vamos entender a parte que importa: como faz para ganhar dinheiro com ações? É o tema do próximo dia, até lá!

DIA 10: COMO GANHAR DINHEIRO NA BOLSA DE VALORES

Agora que você já pegou o básico de como funciona o jogo da Bolsa de Valores, vamos direto ao ponto que realmente interessa: como **ganhar dinheiro** por lá! Chega de teoria, porque é hora de aproveitar as oportunidades da renda variável, mas sem dar bobeira com riscos que podem bagunçar seu futuro. Então, segure firme e vamos nessa!

Valorização das ações

Ficar rico na bolsa? Fácil, compre na baixa e venda na alta. *Próximo tópico*! Brincadeira, é justamente o contrário: tentar fazer isso na bolsa é a receita certa para perder dinheiro.

Pensa só: quem consegue cravar o momento exato em que uma ação chegou no fundo? Ou adivinhar o topo antes de ela subir ainda mais? O mercado dita o preço "justo", que consegue convencer compradores e vendedores. E num momento em que a humildade passou longe, passamos a acreditar que uma ação ficou cara ou barata!

> **Acha que descobriu algo que ninguém viu? Melhor parar, revisar as estratégias e estudar mais. Seu bolso vai agradecer!**

Cuidado com o giro de patrimônio!

Sabe o que é pior? Esse comportamento de "compre e vende sem parar" é incentivado por muitas corretoras, já que elas ganham com as taxas de corretagem. Felizmente, algumas já mudaram o discurso, porque perceberam que levar os clientes à falência não é exatamente um modelo de negócio sustentável.

Ah, e ganhar dinheiro **constantemente** no **curto prazo** na Bolsa? Até é possível, mas não por muito tempo. É quase como jogar no cassino. O economista Samy Dana fez as contas das probabilidades de ganhar dinheiro na bolsa com base no Ibovespa,[11] e olha só:

- Em 1 mês, a chance de lucro é 52%.
- Em 1 ano, sobe para 56%.
- Em 10 anos, a probabilidade chega a incríveis 70%!

Outro estudo, dessa vez da gestora britânica *Schroders*, analisou 100 anos do mercado americano. A conclusão: quanto **menor o prazo** do investimento na Bolsa, **maior** a chance de **perder dinheiro**. Já com um horizonte de 20 anos ou mais, as perdas praticamente **somem** (isso, claro, considerando uma carteira bem diversificada).

No curto prazo, o mercado é movido por ruídos – notícias, boatos e eventos que causam oscilação nos preços. Mas, no longo prazo, o que realmente importa são os **fundamentos** das empresas. E é aqui que vamos focar: encontrar empresas com bons fundamentos para investir aquele pedaço do nosso dinheiro

---

11 Fonte: https://investnews.com.br/financas/chance-de-ganhar-dinheiro-na-bolsa-passa-de-56-em-1-ano-para-70-em-10/

reservado ao risco. Essa é a estratégia para quem quer dormir tranquilo e construir riqueza de verdade.

Preço importa (mas não do jeito que você imagina)

Parece óbvio que, para fazer dinheiro no mercado de ações, você precisa comprar uma ação barata e vender ela cara, certo? Então, por um lado, sim, o preço importa. Mas isso se torna menos relevante se você investir na Bolsa de Valores do jeito **certo**, que é um pouco a cada mês e em diversos ativos, escolhendo um ou dois para aportar seu dinheiro todo santo mês.

Se o mercado despencar, sabe o que acontece? Com o mesmo dinheiro do aporte, você compra mais ações naquele mês. Se a ação dispara e mantém esse movimento ao longo dos anos, você está no jogo, se beneficiando do aumento da cotação.

Mas essas subidas e descidas ocasionais não vão fazer muita diferença ao longo do tempo se você investir todos os meses. Os altos e baixos dos preços são mais importantes para quem investe tudo de uma vez. Porém, investir grandes quantias de uma só vez aumenta muito o risco – afinal, nenhum preço está tão baixo que não possa cair ainda mais. Por isso prefiro dividir os aportes e investir mensalmente, esteja o mercado em alta ou em baixa. Tentar acumular dinheiro e comprar ações em momentos de baixa do mercado provavelmente vai fazer você ficar numa situação pior do que se você tivesse comprado todos os meses. Porque enquanto você fica esperando pela próxima queda, pela próxima crise, o mercado pode continuar subindo e você vai ficar para trás.

Veja outra vantagem de comprar um pouco todos os meses: você não tem a paranoia de ficar olhando cotações o tempo todo. Com isso, você passa a ter paz e tempo livre para investir mais em você e na sua família.

A armadilha de olhar só para o preço

Quando alguém diz que uma ação está "barata" ou "cara", isso só faz sentido se a pessoa comparar com alguma coisa. Uma forma bem comum de comparação é analisar o preço da ação em relação à sua capacidade de gerar lucros. E é aí que entra o famoso indicador **Preço/Lucro (P/L)**.

Vamos descomplicar com um exemplo: uma empresa tem 1 milhão de ações no mercado e lucrou 10 milhões de reais. Ou seja, o lucro por ação é de 10 reais.

Se cada ação estiver sendo negociada a 100 reais, o preço dividido pelo lucro, o **P/L**, será 10. Isso significa que, se a empresa continuar lucrando nesse ritmo, você demorará 10 anos para recuperar seu investimento.

Esse preço já coloca uma expectativa positiva para o futuro da empresa. Afinal, ninguém quer esperar 10 anos para ver a cor do dinheiro sem perspectiva de crescimento. Excelente – só que nem sempre. Olhar apenas o P/L pode levar a conclusões erradas e até prejuízos. Vou te explicar o porquê:

P/L baixo não é sempre sinônimo de ação barata.

Às vezes um P/L baixo não é pechincha, mas sinal de problema! Pode ser que o lucro da empresa esteja caindo por sérias crises internas. Nesse caso, um P/L baixo não é oportunidade – é um aviso!

Exemplo: Após enfrentar resultados negativos, as ações da IRB ficaram com um P/L baixo. Quem comprou achando que era uma oportunidade viu o preço despencar ainda mais por conta dos problemas internos.

P/L alto nem sempre quer dizer ação cara

Pode ser que o mercado tenha grandes expectativas de crescimento para aquela empresa no futuro.

Exemplo: A empresa **WEG** historicamente opera com um P/L elevado. Isso reflete a confiança dos investidores de que a empresa continuará crescendo. Quem evitou a ação por achar "cara" perdeu ótimas oportunidades de lucro, porque a WEG continuou entregando resultados sólidos. O mesmo vale para empresas de tecnologia nos Estados Unidos – os P/Ls sempre foram altos, mas quem apostou nelas lá atrás hoje está contando os lucros com um belo sorriso no rosto.

Moral da história: O P/L é só uma peça do quebra-cabeça. É útil, claro, mas não dá para tomar decisões baseando-se só nele. Prefiro focar nos **fundamentos da empresa** e fazer aportes regulares todo mês. Assim, o preço pontual importa menos e o foco fica onde realmente deveria estar: construir valor no longo prazo.

Dividendos e o sonho de viver de renda

Outro jeito de ganhar dinheiro na Bolsa é simples: participar dos **lucros** que as empresas eventualmente tenham. Isso, claro, *se elas resolverem dividir*. Algumas preferem reinvestir os lucros no próprio negócio em vez de repassar aos acionistas. E adivinha? Isso não é algo ruim. Pode ser até o contrário! Uma boa empresa deve conseguir fazer o dinheiro dela render muito mais do que você conseguiria sendo pessoa física. Empresas bem administradas, com diferenciais competitivos sólidos, tendem a crescer e, com o tempo, suas ações podem valorizar bastante.

Por outro lado, tem aquelas empresas que preferem distribuir os lucros – ou **proventos** – para nós, os acionistas. Funciona assim: elas pagam um **valor fixo por ação**, então não importa o preço que você pagou por ela. O que importa é quantas ações você tem. Essas empresas que distribuem lucros regularmente ganham o apelido curioso de **vacas leiteiras**.

O que o mercado chama genericamente de "dividendos" pode incluir outra coisa chamada **Juros sobre Capital Próprio (JCP)**. Para você, na prática, o que muda é só a forma de declarar seu investimento no Imposto de Renda, mas o dinheirinho entra do mesmo jeito: tem empresas que pagam dividendos a cada mês, trimestre, semestre... Varia bastante da política de cada empresa.

O tal do Dividend Yield (DY)

Quando falamos de dividendos, você vai ouvir muito o termo **Dividend Yield** ou **DY**. Para entender melhor, veja este exemplo: imagine que hoje uma ação custa 40 reais e, nos últimos 12 meses, essa empresa distribuiu 5 reais por ação em dividendos. Dividindo 5 por 40, chegamos a um DY de 12,5%.

Esse percentual de 12,5% é o quanto você teria recebido em relação ao preço da ação. Legal, né? Esse indicador é super útil para comparar empresas e tomar decisões de investimento.

Dividendo não é brinde!

Mora aqui o grande erro de muitos investidores: achar que dividendo é um dinheiro que cai do céu. Quando a empresa paga dividendos, esse valor sai do caixa dela e vem para o seu bolso. O que acontece na prática? A ação sofre um desconto proporcional na cotação, porque o dinheiro foi distribuído e não está mais lá no caixa da empresa. Não há evolução de patrimônio: antes e depois dos dividendos, você tem a mesma coisa.

Sem contar que, se você ainda está na fase de *crescer seu patrimônio*, não dá para torrar os pingados de dividendos que caem na conta. Reinvestir os dividendos é essencial; é assim que você potencializa os resultados no longo prazo.

Dividendo não define a qualidade da empresa

Pagar dividendos ou não, por si só, **não** faz com que uma empresa fique boa ou ruim. Muitas gigantes de tecnologia, como Amazon, Google e Meta, **nunca** pagaram dividendos. E, ainda assim, quem investiu nelas lá atrás está hoje muito, mas muito bem de vida.

Por fim, vamos ser realistas: viver de renda é só para dois tipos de pessoas. Primeiro, quem já tem um patrimônio gigantesco acumulado. Segundo, a costureira. E antes que você pergunte: sim, é triste. Mas é a vida.

Critérios para selecionar empresas na Bolsa

Se você investir aos poucos e de forma diversificada, pode deixar o preço de lado e focar no que realmente importa: **os fundamentos das empresas**. A ideia é simples: escolher companhias que apresentem bons resultados e que tenham gestão e diferenciais competitivos capazes de garantir um futuro promissor.

Eu sei que retrovisor não presta como bola de cristal. Mas é muito mais provável que uma empresa boa continue assim do que o chamado *turnaround*: uma empresa ruim se levantar, sacodir a poeira e dar a volta por cima.

⚠ **Dica importante: nenhum indicador isolado vai te dar a resposta definitiva sobre uma empresa. Combine vários deles antes de tomar uma decisão de investimento.**

Aqui vão os critérios que eu costumo usar nas minhas análises de longo prazo:

1) Receita e lucro consistentes

A empresa tem apresentado receita crescente ao longo dos anos? E o lucro está acompanhando? Empresas saudáveis mostram resultados sólidos e crescentes com o tempo.

2) Mais de cinco anos de Bolsa

Empresas com um histórico maior na Bolsa já enfrentaram mais ciclos econômicos, o que pode dar uma ideia melhor de como elas lidam com os altos e baixos do mercado.

3) Endividamento controlado (Dívida Líquida/EBITDA)

Quanto mais dívidas a empresa tiver em relação ao dinheiro que ela ganha, maior o risco. E é aqui que entra o índice **Dívida Líquida/EBITDA**, que mostra em quantos anos, aproximadamente, a empresa conseguiria pagar todas as suas dívidas usando apenas o lucro operacional.

Como funciona:

- **Dívida Líquida**: é o total das dívidas menos o dinheiro que a empresa já tem em caixa.
- **EBITDA**: o lucro operacional da empresa antes de descontar juros, impostos e outras despesas.
  > **Exemplo:**
  > Dívida Líquida: R$1 milhão
  > EBITDA: R$500 mil
  > Dívida Líquida/EBITDA: 2 anos (tempo que a empresa levaria para quitar a dívida).

Regra geral: quanto menor o índice, melhor. Em setores tradicionais, um valor acima de 3 já é preocupante, mas em alguns setores, é comum que as empresas estejam mais endividadas.

> O índice Dívida Líquida/EBITDA é bastante usado para ver se a empresa está com a saúde financeira em dia ou se está atolada em dívidas.

4) Liquidez corrente

Não adianta a empresa ter pouca dívida no longo prazo, mas estar apertada no dia de amanhã. O índice **liquidez corrente** mede se ela consegue pagar as dívidas de curto prazo. Se o índice for maior que 1, significa que há mais dinheiro em caixa do que o necessário para honrar essas obrigações.

5) ROE (Retorno sobre Patrimônio Líquido)

Esse indicador avalia se a empresa está usando bem o dinheiro dos acionistas. Um ROE alto indica eficiência e, geralmente, acima de 15% é considerado ótimo. Mas atenção: esse número varia muito de setor para setor.

Exemplo: bancos costumam ter ROE alto, enquanto siderúrgicas tendem a apresentar ROE menor.

6) Margem líquida

Esse indicador mostra quanto sobra de lucro depois de pagar todas as despesas. Quanto maior a margem, melhor. Só que, de novo, isso depende do setor:

Tecnologia e saúde: podem ter margens maiores que 15%.

Supermercados e varejo: tem margens menores, muitas vezes abaixo de 5%.

⚠ Importante: nunca compare indicadores de empresas de setores diferentes. Cada setor tem suas particularidades.

Você pode encontrar todos esses indicadores (e muitos outros) em sites como ***investidor10.com.br***, que ainda permite acompanhar sua carteira de investimentos.

Repare que existem muitos outros indicadores e teorias mirabolantes de investimento. Mas não se engane:

> O segredo é manter a sua carteira diversificada, com várias ações, sem deixar de investir em outros tipos de ativos. Em vez de gastar todo o seu tempo tentando ser o Sherlock Holmes da Bolsa, foque no seu trabalho, nos aportes mensais e simplifique seus estudos. No fim, a consistência é o que vai te levar longe – e não o excesso de análise.

Quando vender uma ação

Parabéns, você aprendeu a escolher boas empresas para montar sua carteira! Mas agora vem a pergunta que todo investidor faz em algum momento: *quando vender uma ação e embolsar os lucros?*

Bom, a resposta simples é: a ação é sua, você vende quando quiser. Mas o ideal é **não precisar vender**, e é exatamente por isso que você investiu também em renda fixa – para não ter que cortar a sua "árvore do dinheiro" justamente quando ela começa a crescer.

A dúvida mais interessante, na verdade, é: "e se a minha ação valorizou 10 vezes? Ou até 100 vezes? Devo vender?" Claro, um pássaro na mão vale mais que dois voando, certo? Em alguns casos, isso faz sentido. Olha só o exemplo da Magazine Luiza:

- Em 2017, uma ação dela custava 6 reais.

- No final de 2020, chegou a impressionantes 250 reais (uma valorização de 4067%!).
- Mas, no início de 2025, voltou para a faixa dos 6 reais (uma queda de 97,6%). Quem vendeu no auge se deu bem, mas quem segurou viu tudo voltar à estaca zero.

Vender quando sobe muito é sempre a melhor decisão?

Não necessariamente. Se você tem o hábito de vender cedo demais, sempre que uma ação sobe um pouco, provavelmente nunca vai construir um patrimônio significativo com ações. Isso porque a verdadeira mágica da Bolsa acontece no longo prazo e quem vende cedo demais acaba cortando o potencial de crescimento.

Um exemplo clássico de paciência que deu certo? O **Bitcoin**. Quem comprou por mil reais anos atrás e vendeu quando chegou a dois mil dobrou o dinheiro, o que parece ótimo. Mas quem segurou viu o Bitcoin superar os 100 mil dólares no início de 2025, transformando aquele mesmo investimento em algo colossal.

Na Bolsa brasileira temos histórias parecidas, como a **WEG**: nos últimos anos, as ações multiplicaram o patrimônio de quem investiu por dez. Quem vendeu no primeiro "pico" perdeu grandes oportunidades de lucro no longo prazo. Isso para não falar nas empresas de tecnologia americanas, hein?

Então o que fazer quando uma ação sobe demais?

Que problemão você tem para resolver, hein? Força, guerreiro! Vou ajudar.

Se isso te deixa mais confortável, uma ideia seria vender *parte* das ações. Por exemplo, tirar o valor equivalente ao seu aporte inicial. Assim, o que fica investido é lucro e você reduz o risco de perdas futuras.

Outra opção: **vender metade**. Se a ação continuar subindo, você ainda lucra. Se cair, você não terá arrependimentos tão grandes.

Qual é a resposta certa? Bom, quem disser que sabe está te enganando. O segredo está na disciplina e na diversificação. Quanto mais diversificada for sua carteira e quanto mais tempo você tiver para investir, menos você precisará vender para "consolidar" seus lucros. Essa paciência pode fazer toda a diferença no longo prazo.

E lembre-se: **venda apenas quando fizer sentido**. Se algo realmente grave acontecer com a empresa, como uma piora nos fundamentos, você pode simplesmente parar de investir nela. Em casos extremos, vender tudo pode ser necessário, mas isso deve ser a exceção, não a regra.

Resumindo: não tome decisões precipitadas. Dê tempo para o mercado e para suas ações fazerem o trabalho delas. E sempre tenha um plano claro para quando for vender – isso ajuda a manter a calma mesmo nos momentos de maior euforia ou incerteza.

O Imposto de Renda na Bolsa

Day trade **(compra e venda no mesmo dia)**: você paga 20% de imposto sobre o lucro.

Operações normais (compra e venda em dias diferentes): você paga 15% de imposto sobre o lucro **só se vender mais de 20 mil reais no mês**. Se vender até esse valor por mês, está isento (mas isso não vale para *day trade*).

Dividendos: são **isentos de imposto** no Brasil (ainda).

Juros sobre Capital Próprio (JCP): tem desconto direto de 15% na fonte, ou seja, você já recebe o valor líquido.

Prejuízo: pode usar o prejuízo de meses anteriores para descontar do lucro e pagar menos imposto.

⚠ **Lembre-se: desde que não seja isento, quem vende ações com lucro precisa calcular o imposto mensalmente, pagar via DARF e declarar no Imposto de Renda todo ano. A Bolsa não faz isso por você!**

DIA 11: FUNDOS IMOBILIÁRIOS E IMÓVEIS

"Quem compra terra, não erra". Que atire a primeira pedra quem nunca ouviu algo do tipo. Não tem jeito, crescemos ouvindo que os imóveis são os investimentos mais seguros e rentáveis do planeta. Mas será que procede mesmo? Investir em imóveis é sempre vantajoso? Quais as possibilidades para quem quer investir no setor imobiliário com pouco dinheiro? Vamos desmistificar tudo isso: afinal, é um dos tipos de investimento mais impactantes de toda uma vida.

O tio do terreno não está errado!

A verdade é que imóveis são, sim, um investimento seguro (não confundir com "sem risco"). Tem motivo para tanta gente apostar neles: você pode ver, tocar, entrar. É literalmente um investimento **concreto** (perdão pelo trocadilho!).

Fala a verdade: imóvel livre de pendências e no seu nome, escritura guardada na gaveta, tudo isso não traz uma sensação enorme de segurança? O patrimônio está ali e acreditamos que esteja longe de fraudes, escândalos e, em alguns casos, até de crises econômicas.

E mais: imóveis de qualidade tendem a se valorizar. Fortunas inteiras foram e continuam sendo feitas nesse setor. Além disso, bons imóveis geram aluguéis estáveis, garantindo aquela renda passiva. É dinheiro pingando na conta sem precisar bater ponto – péssima notícia apenas para a RWTECH, empresa que fundei, que deixará de vender um relógio de ponto.

A localização é rei. Mas não manda em tudo

Quando falamos da **qualidade** de um imóvel, só uma parte dela vem das características físicas. Acabamento, tamanho, manutenção, número de quartos, vagas na garagem... e, claro, a **localização**! Esse é um dos fatores mais importantes na hora de escolher um imóvel, e um dos que mais influenciam no preço.

Antes de comprar um imóvel ou um terreno para construir, você tem a chance de avaliar o bairro: é bom para uso residencial ou comercial? Tem histórico de enchentes? A segurança é boa? Tudo isso pesa na decisão.

Mas veja que a localização diz respeito ao que está **ao redor** do imóvel, e não a ele em si. Você pode amar o bairro hoje, mas quem garante que ele continuará o mesmo daqui a alguns anos?

> Grande parte do sucesso (ou fracasso) de um investimento imobiliário depende mais do que acontece ao redor do que do próprio imóvel.

Algumas áreas se transformaram em verdadeiras minas de ouro para quem soube esperar. O **Porto Maravilha**, no Rio de Janeiro, era uma zona portuária esquecida, mas, depois das reformas para as Olimpíadas de 2016, ganhou novas vias, espaços culturais e prédios modernos – e alguns imóveis valorizaram bastante. A **Faria Lima**, em São Paulo, era só mais uma avenida, mas virou o coração financeiro do Brasil. Outro exemplo? A **Linha 4-Amarela** do metrô paulistano. Antes algumas estações ficavam em bairros pouco estruturados, mas com a chegada do metrô vieram comércios, prédios e valorização.

Por outro lado, nem todo bairro segue essa trajetória de sucesso. Alguns lugares perderam valor e viraram um pesadelo para quem comprou. Em São Paulo, regiões próximas a rios e córregos, como **Franco da Rocha** e **Jardim Pantanal**, sofrem com enchentes constantes. No **Rio de Janeiro**, a violência e a falta de investimentos afastaram moradores e derrubaram os preços em certas regiões. Já alguns imóveis em cidades como **São Bernardo do Campo** sentiram o impacto pontual do fechamento de fábricas e da crise no setor automobilístico.

Então, considerando apenas o fator localização, você concorda já podemos concluir que **não existe certeza** do sucesso de um investimento imobiliário? Aliás, certeza mesmo só existe na renda fixa: **imóvel é um tipo de renda variável**, embora muita gente ainda não tenha se dado conta disso.

Mas quem dera fosse apenas o local onde o imóvel está situado que impactasse no seu preço...

Imóvel também varia pra baixo

Existem situações em que os imóveis não apenas deixam de valorizar, como também **perdem valor** real ao longo do tempo, especialmente quando a valorização não acompanha a inflação.

Por exemplo, o **Índice FipeZAP de Venda Residencial** mostrou uma alta de 7,73% em 2024, a maior desde 2013. Parece ótimo, né? Mas essa média esconde diferenças enormes entre cidades e períodos. No Rio de Janeiro, por exemplo, os imóveis subiram só 3,13% no ano – bem abaixo da média nacional e da inflação, que foi de 4,83% segundo o IPCA. O mesmo aconteceu em Brasília, com valorização de 3,71%.[12]

Ou seja, se a pessoa olha só o preço em reais, pode nem perceber que seu dinheiro investido no imóvel perdeu poder de compra. E a situação fica ainda pior se ela acreditar cegamente em alguns corretores: "seu imóvel vale 1 milhão de reais!". Pode até dar um quentinho no coração, mas de nada adianta se ninguém quiser pagar esse preço!

Oferta e demanda

No mundo dos imóveis, vale a regra básica da economia: se tem muita oferta e pouca gente comprando, os preços **caem**. Foi o que rolou em algumas cidades do litoral paulista, como **Guarujá** e **Praia Grande**. Teve um *boom* de construções, mas nem todos os apartamentos foram vendidos – e os preços despencaram.

---

12 Fonte: https://downloads.fipe.org.br/indices/fipezap/fipezap-202412-residencial-venda-publico.pdf

Por outro lado, quando há poucos imóveis disponíveis e muita gente querendo comprar, os preços **disparam**. Em **São Paulo**, bairros como **Vila Madalena** e **Pinheiros** são prova disso: a demanda por moradia é enorme, mas a oferta não acompanha. Resultado? Valores nas alturas!

Juros e crises econômicas

Os juros também mexem (e muito!) no mercado imobiliário. Quando a Selic está **baixa**, os financiamentos ficam mais acessíveis, mais gente compra imóveis e os preços **sobem**. Foi o que aconteceu entre 2020 e 2021, quando a taxa caiu para 2% ao ano – uma das menores da história. Como resultado, teve uma corrida para comprar imóveis, preços subindo e lançamentos em alta. O mesmo aconteceu no começo dos anos 2010, quando o Brasil vivia um *boom* econômico e os bancos facilitavam o crédito: os preços dispararam em várias cidades.

Mas quando os juros **sobem**, o efeito é o **oposto**. Financiar fica caro, menos gente compra e os preços podem estagnar ou até cair. Entre 2015 e 2016, por exemplo, a Selic passou dos 14%, derrubando o mercado. Quem comprou no pico da valorização acabou tendo prejuízo. Mais recentemente, desde 2022, os juros altos vêm ameaçando o mercado novamente.

Juros altos também impactam os **aluguéis**, principalmente comerciais. Empresas seguram investimentos, demitem funcionários e, em alguns casos, fecham as portas. O que acontece com os imóveis comerciais? Ficam vagos! E os donos, para não ficarem no prejuízo, precisam baixar os valores para conseguir inquilinos.

Os defeitos do investimento direto em imóveis

Ok, você entendeu os riscos e quer investir em imóveis. Como os prédios da Faria Lima devem estar fora do seu orçamento, creio que comprar uma casa na sua cidade seja uma opção mais realista, correto? Aliás, para muita gente, imóveis em cidades interioranas como a minha também estão fora de cogitação.

Hoje em dia, juntar dinheiro para comprar um imóvel não é nada fácil. Afinal, com menos de 100 mil reais, em muitas cidades você praticamente não encontra nem um bom terreno. Para você ter uma ideia, esse valor atualmente não compraria um "apertamento" de $10m^2$ em várias capitais brasileiras.

Além de ser caro, investir em imóveis tem seus perrengues: você precisa cuidar das manutenções chatas, cobrar os aluguéis, lidar com possíveis caloteiros, enfrentar toda a papelada burocrática e, às vezes, aturar inquilinos mala sem alça. Sim, você pode pagar uma imobiliária para cuidar disso, mas aí vai mais uma parte do seu lucro. Ou seja, todo mês existirá o risco do aluguel não cair na sua conta, com perigos de calotes ou atrasos. Isso quando não para de uma vez e seu inquilino transforma-se em seu hóspede gratuito. Tirar uma família de um imóvel por falta de pagamento pode ser uma verdadeira dor de cabeça.

O começo da solução

Agora imagine o seguinte: seu *tio do terreno* quer comprar um imóvel de 300 mil reais. O lugar é top, moderno, bem localizado e está numa região promissora. Melhor ainda: já tem gente interessada em alugar!

O problema? Ele só tem 285 mil e faltam 15 mil reais para fechar o negócio. Mas o destino sorri para você: era exatamente a quantia que você tinha guardado!

Seu tio te propõe uma sociedade: ele coloca os 285 mil (95% do valor do imóvel) e você entra com os 15 mil restantes (5%). Em troca, vocês dividem o aluguel proporcionalmente: 95% para ele, 5% para você.

Parece interessante, né? Então você faz sua lição de casa: estuda o local, visita o imóvel, consulta o seu sócio (sua esposa ou marido) e decide fechar negócio.

E o melhor, deu tudo certo! O imóvel foi alugado por 3000 reais por mês e agora você recebe 150 reais todo mês, além da possível valorização futura do imóvel. Não é muito, mas é um começo, certo?

Fundos Imobiliários (FIIs): investindo em imóveis sem comprar um

Este tipo de investimento você não vê todo dia por aí, certo? Quer dizer, não via: porque algo deste tipo existe **sim**, mas na Bolsa de Valores! E o melhor: dá para investir em imóveis sem precisar comprar um!

Os **Fundos de Investimento Imobiliário (FIIs)** funcionam como grandes *tios do terreno*, só que muito mais poderosos. Eles são donos de alguns dos melhores imóveis do Brasil, como **shoppings, prédios corporativos, galpões logísticos e até hospitais**. A grande diferença? Você pode comprar pequenas cotas desses fundos na Bolsa de Valores, sem precisar lidar com burocracia, inquilinos ou manutenção.

E tem mais: os FIIs distribuem aluguéis para os investidores pessoa física **com zero de imposto de renda**! Ou seja, pegaram o investimento imobiliário tradicional, multiplicaram por 100 e eliminaram todas as dores de cabeça. Bom demais, né?

Hoje o mercado de FIIs já movimenta **cerca de 220 bilhões de reais** e conta com quase **2,5 milhões de investidores** – a maioria pessoas físicas como você. Então vamos entender como isso funciona?

Tipos de FIIs: onde você pode investir?

Agora que você já sacou o conceito, vamos conhecer os principais tipos de Fundos Imobiliários.

> Procure por FIIs que tenham, no mínimo, cinco anos de histórico. É um período interessante para ter uma ideia de como o fundo se comportou.

Fundos de tijolo – o *tio do terreno* tradicional

Esses FIIs investem em imóveis físicos de verdade, como **shoppings, supermercados, galpões logísticos e prédios**

comerciais. Eles funcionam como um imóvel alugado: o fundo recebe os aluguéis e distribui o dinheiro entre os investidores.

- **Vantagem:** renda previsível e imóveis que você pode visitar.
- **Desvantagem:** se um inquilino importante sair ou o mercado esfriar, o aluguel pode cair.

O que procurar em um FII de tijolo?

- **Diversificação**: o fundo precisa ter **múltiplos imóveis e múltiplos inquilinos**.
- **Limite de concentração**: o ideal é que nenhum imóvel represente mais de **15%** da receita do fundo, para reduzir riscos.
- **Baixa vacância**: se o fundo tem 100 imóveis, mas 90 estão vazios, o rendimento vai despencar. Em geral, **vacância** abaixo de **10%** é saudável.

Dentre os principais FIIs de tijolo, a gente pode encontrar:

FIIs de shoppings

Esses fundos são donos (ou são proprietários de um percentual) de shoppings. O dinheiro vem do aluguel pago pelas lojas e da participação nas vendas. É um tipo de investimento que pode ser muito bom em épocas de consumo forte, mas pode sofrer em crises.

FIIs de lajes corporativas

Aqui os imóveis são prédios comerciais onde grandes empresas alugam escritórios. Se a economia está aquecida e muitas empresas precisam de espaço, esses fundos costumam ir bem. Mas se o home office crescer muito, pode ser um desafio.

FIIs de galpões logísticos

Esses fundos investem em galpões usados para armazenagem e distribuição de mercadorias, muitas vezes alugados para gigantes do e-commerce e varejo (como o Mercado Livre e a Magazine Luiza). Com o crescimento das compras online, esse setor tem ganhado bastante destaque.

Fundos de desenvolvimento – construindo para vender (ou alugar)

Neste caso o fundo compra terrenos, constrói imóveis e depois **vende ou aluga**. A expectativa é um lucro alto no final, mas tem um risco: **pode levar tempo até gerar retorno**. E claro, tem risco de algo dar errado e nem gerar retorno – diferente de um fundo de tijolo em que o imóvel já está pronto e eventualmente alugado. Um FII de desenvolvimento é como comprar um apartamento na planta. Pode valorizar bastante, mas também pode atrasar ou ter dificuldade de venda. A diferença é que um fundo de desenvolvimento investe em vários projetos simultaneamente.

Fundos de papel – nada de tijolo, só títulos de dívida

Esses FIIs não investem em imóveis físicos, mas em **títulos ligados ao mercado imobiliário**, como os famosos **CRIs (Certificados de Recebíveis Imobiliários)**. É como se você emprestasse dinheiro para construtoras e recebesse juros no lugar do aluguel.

A vantagem? **Rendimentos geralmente altos**. A desvantagem? CRIs **não têm a garantia do FGC**, então é bom escolher fundos de papel com diversos ativos lá dentro, diversificados entre si: credores diferentes, prazos diferentes, indicadores (IPCA, CDI)... Enfim, quanto mais ativos diversos, melhor.

Fundos de Fundos (FoFs) – um fundo que investe em outros FIIs

Os **FoFs** são os FIIs do pessoal que quer **zero trabalho**. Você investe neles e os gestores cuidam de escolher os melhores fundos imobiliários para compor a carteira. O lado bom? **Diversificação automática** (quando o FoF investe em diversos FIIs). O lado ruim? **Taxas extras**, já que você paga pelo trabalho do gestor.

Fundos híbridos – um pouco de tudo

Quer um fundo que misture imóveis, títulos de dívida e até outros FIIs? Então os **fundos híbridos** podem ser uma boa. Eles têm mais flexibilidade e podem mudar a estratégia conforme o mercado.

Taxas: quanto isso custa?

A sua tranquilidade não vem de graça – justamente porque tem outras pessoas lá na ponta trabalhando por você. Os FIIs cobram **taxas de administração** que variam entre **0,25% e 2% ao ano**, e em alguns casos também aplicam uma **taxa de performance**, que funciona como um bônus para o gestor quando o fundo tem um desempenho acima do esperado.

A boa notícia é que **tudo isso já vem descontado antes de você receber os aluguéis**, então não precisa se preocupar com boletos extras ou cobranças inesperadas. Verifique apenas se as taxas não são abusivas.

Imposto de Renda: quanto o governo leva?

Agora vem a parte boa: os **aluguéis que você recebe dos FIIs são 100% isentos de imposto de renda!** Isso mesmo, se você for pessoa física, não paga nada sobre os rendimentos mensais.

Mas tem um detalhe: se você **vender suas cotas com lucro**, aí sim paga imposto. A alíquota é de **20% sobre o ganho**. Por exemplo, se você comprou uma cota por 100 reais e vendeu por 120, o imposto será de 4 reais (20% sobre os 20 reais de lucro).

Ah, e mesmo sendo isento no aluguel, você ainda precisa **declarar no Imposto de Renda** quanto recebeu dos FIIs. Mas relaxa, é só informar os valores, sem precisar pagar nada sobre isso.

FIIs x imóveis: qual vale mais a pena?

Agora vamos à comparação final: **FIIs ou imóveis físicos?** Veja as vantagens dos fundos imobiliários:

- **Investimento acessível** – Dá para começar com menos de **10 reais por cota**.
- **Imóveis top** – Você investe nos **melhores imóveis do Brasil**, sem precisar ser milionário.
- **Diversificação fácil** – Com pouco dinheiro, já dá para investir em vários FIIs ao mesmo tempo.
- **Liquidez rápida** – Se precisar do dinheiro, pode **vender as cotas em segundos na bolsa**. Inclusive, pode vender só um pouquinho, apenas algumas cotas, coisa que é impossível nos imóveis tradicionais (ou vende tudo, ou nada).
- **Zero dor de cabeça** – Nada de contratos, inquilinos, reformas ou manutenção.
- Desvantagem: um **bom imóvel físico** pode valorizar muito mais do que um FII já consolidado. Mas por outro lado exige **mais dinheiro, paciência e envolve mais riscos**, como vacância, manutenção e até mudanças no bairro que podem afetar o preço.

No fim das contas, **não existe investimento melhor ou pior**, mas sim aquele que **faz mais sentido para você**. O importante é investir em ativos de valor que você conhece e pensar no longo prazo.

⚠ **FIIs não são renda fixa e apresentam riscos, como variação de preço das cotas, mudanças nos dividendos, vacância nos imóveis e má gestão dos administradores.**

DIA 12: OURO, DÓLAR, BITCOIN, E INVESTIMENTO NO EXTERIOR

Brasil, o país do futuro... que nunca chega! Já perdeu a conta de quantas vezes ouvimos isso? Pois é. Mas em vez de reclamar, vamos falar do que realmente importa: se o futuro for pior que o presente, seu dinheiro está pronto para sobreviver?

Falar mal do país pode até ser o passatempo favorito de muita gente, mas convenhamos: isso não resolve nada quando o assunto é seu futuro financeiro. Vejamos como blindar parte do seu patrimônio contra as loucuras e trapalhadas do nosso digníssimo governo.

Reserva de valor

Até aqui, falamos de investimentos em renda variável que podem multiplicar seu capital e te proteger da inflação no longo prazo, desde que façam parte de uma carteira bem equilibrada. Mas e quando tudo desmorona?

Em tempos de crise global, não tem jeito: o pânico se espalha e todo mundo corre para um porto seguro. Isso significa que os investidores grandes vendem tudo que tem risco: ações, fundos imobiliários, investimentos em mercados mais instáveis (alô,

Brasil!). O resultado? Quedas gigantescas nos preços dos ativos e um monte de investidor arrependido chorando no banho.

> ⚠ **Agora imagine: você tem 90% do seu dinheiro em ações e o mercado cai 30% num único dia. O que você faz? Se bate o desespero, a tendência é vender no prejuízo.**

É aí que entra a **reserva de valor**. Esses são ativos que, em momentos de caos, podem oferecer uma proteção maior. Não há garantias absolutas – porque no mundo dos investimentos nada é 100% certo –, mas esses ativos costumam segurar melhor a onda.

E tem um detalhe importante: por serem mais seguros, eles não vão te deixar rico da noite para o dia. Na verdade, nem geram rendimentos, dividendos ou qualquer tipo de provento. Eles simplesmente *existem* e são valorizados pelo mundo todo.

Os três principais reis da reserva de valor são o **dólar**, **ouro** e **Bitcoin**. Mas calma lá, não saia comprando como se estivesse pegando promoção na Black Friday. Antes de qualquer coisa, entenda como usá-los sem fazer besteira.

Comprar aqui ou lá fora?

Investir em dólar ou ouro é fácil no Brasil: você pode fazer isso direto pela corretora nacional que já usa, comprando fundos de investimento. Se o objetivo for apenas ter exposição a ativos mais fortes, beleza, a sua reserva de valor está feita e funcionando.

Mas tem um porém: esses ativos são **brasileiros**. Ou seja, estão sujeitos às regras do nosso governo. E se um dia alguma canetada mudar tudo? Por isso eu prefiro ir direto à fonte e investir no exterior.

Antigamente, investir fora do Brasil era coisa de gente milionária. Hoje, com contas digitais lá fora voltadas para brasileiros, é praticamente tão fácil quanto investir aqui. Mas qual a vantagem de comprar lá em vez daqui? Algo chamado **risco de conversibilidade**.

Isso acontece quando você não consegue transformar seu investimento em dinheiro ou outro ativo com facilidade. Pode ser por decisões do governo, crises financeiras ou até falta de liquidez no mercado.

A lição da Argentina

Quer um exemplo real desse risco? **Argentina, 2001.** O governo de lá **congelou contas bancárias** e **limitou saques** para impedir a fuga de dólares. Como resultado, quem tinha dinheiro no banco simplesmente não conseguia acessá-lo.

Mesmo os que tinham dólares enfrentaram restrições severas para sacar. Em diversas ocasiões, o governo argentino impôs **controles cambiais**, tornando quase impossível comprar dólares e trocar pesos por uma moeda forte.

Com a inflação descontrolada, quem manteve dinheiro em pesos viu seu patrimônio evaporar. Isso forçou muita gente a procurar alternativas, como imóveis e ouro para escapar do controle estatal.

Moral da história? **Investir em dólares no Brasil ainda te deixa sujeito ao governo brasileiro.** Eu não sei se o Brasil um dia vai virar a Argentina. Mas prefiro ter um plano caso algum governante resolva copiar o que deu errado por lá.

Não é sobre *trade*

Lembro do comentário de um cidadão em um post que rolou no Reddit sobre a queda do dólar: "Ainda bem que quando o dólar bateu 6,10 eu vendi e num fiz igual umas pessoas que seguiram as dicas de uns 'especialistas do mercado financeiro' e dolarizaram suas reservas". Veja a pretensão: só porque vendeu com um preço e ele caiu depois, o sujeito já acha que virou um gênio do mercado financeiro!

<u>**No curto prazo, sorte e competência podem parecer a mesma coisa.**</u>

Fico imaginando: o cara provavelmente nem trabalha com isso. Vai ver é o Seu Joaquim, marceneiro, acompanhando a GloboNews enquanto dá uma pausa no serrote para tentar especular dólar. Quando acha que fez um bom negócio, paga imposto de renda e as taxas da casa de câmbio... e no fim, mal sobra alguma coisa. Será que ele realmente vai ganhar dinheiro assim todo mês? Eu apostaria que **não**.

A questão é: **a reserva de valor não é para fazer lucro rápido.** Não é para vender na alta e recomprar na baixa. Investir em dólar, ouro e Bitcoin é como comprar bilhetes de seguro contra a economia brasileira.

Tem mês que esse "seguro" fica mais caro, tem mês que fica mais barato. **Não importa.** O foco é manter a estratégia: comprar regularmente, guardar e esquecer do preço.

Mês após mês, você vai acumulando pequenos para-raios contra os imprevistos do nosso país. Porque aqui, convenhamos, o que não falta é tempestade no horizonte.

Por que o ouro vale mais do que dinheiro?

O ouro é caro porque é difícil de encontrar, dá trabalho para extrair e, quando finalmente aparece, todo mundo quer um pedaço. Ele não enferruja, não solta as tiras e já foi usado como dinheiro desde os tempos antigos. Viu o porquê de o ouro não perder o seu brilho?

Reis, rainhas e até piratas já mataram por ele. E mesmo hoje, com toda a tecnologia, criptomoedas e transações digitais, o ouro é o ativo de maior valor de mercado do mundo (2,9 trilhões de dólares).

E não é à toa: existe **pouquíssimo** ouro no planeta. Se juntássemos todo o ouro já minerado na história e empilhássemos num bloco sólido, ele caberia dentro de um prédio de apenas **7 andares**! Sim, toda a reserva de ouro do mundo caberia em um prédio modesto, nada de arranha-céu. Parece surreal, mas essa escassez é exatamente o que torna o ouro tão valioso. Para ter uma ideia do quão raro ele é, na crosta terrestre, para cada bilhão de átomos, apenas 0,3 são de ouro!

Então da próxima vez que você vir uma aliança brilhando no dedo de alguém ou ouvir falar das reservas de ouro de um país, lembre-se: esse metal já sobreviveu a impérios, guerras e crises – e continua sendo um dos ativos mais confiáveis para investidores e colecionadores.

Como o ouro se comporta em crises

O ouro não é apenas útil, bonito e valioso, mas também um escudo contra crises econômicas. Vamos olhar para um exemplo recente: a pandemia de Covid-19 em 2020.

No início da pandemia, o mercado americano despencou (índice S&P 500). O ouro também caiu, mas em uma proporção bem menor. Entretanto, a recuperação dele (ouro) foi rápida: **apenas um mês depois, já tinha voltado ao seu preço anterior**. (Dados retirados do *TradingView* de fevereiro de 2020 a fevereiro de 2021).

Durante o período de um ano após a queda causada pela Covid, o ouro manteve-se mais resiliente. Ou seja, o mercado de ações americano demorou muito tempo para voltar a alcançar o desempenho do ouro nesse mesmo período. Quem tinha somente ações sofreu bastante, enquanto quem tinha ouro na carteira sentiu bem menos o impacto.

Como comprar ouro

Aqui a escolha depende do seu estilo – e do seu nível de paranoia.

Muita gente só confia se tiver o ouro em mãos (frequentemente, são mineiros como eu). Essas pessoas preferem comprar barras físicas, que podem variar de poucos gramas até 1kg, se tiver coragem de guardar em casa. Existem empresas que vendem esse ouro físico, mas a segurança fica por sua conta.

Já outros preferem praticidade. **ETFs americanos lastreados em ouro**, como o **IAU** ou o **GLD** são a escolha deste grupo. Esses ETFs representam ouro real armazenado por instituições financeiras, embora você nunca veja ou toque nessas barras. O problema? Você precisa confiar que o ouro está realmente lá.

Ou seja, **não existe opção perfeita**, apenas a que se encaixa melhor para você.

Bitcoin: a moeda rebelde da internet

Tudo começou em 2008, quando o sistema financeiro mundial estava em colapso. Enquanto governos corriam feito barata tonta tentando apagar os incêndios, um sujeito (ou grupo) misterioso chamado **Satoshi Nakamoto** surgiu com uma ideia ousada: um dinheiro digital que ninguém poderia inflacionar ou manipular, com um limite fixo de 21 milhões de unidades.

Assim nasceu o **Bitcoin** – um dinheiro sem banco central, sem chefão no comando e que funciona como uma espécie de **álbum de figurinhas raras**: só existem aquelas unidades e ponto final.

Como o Bitcoin funciona

Ele roda em uma tecnologia chamada **blockchain**, um gigantesco livro contábil digital, matematicamente impossível de ser fraudado e que está em milhares de computadores no mundo. Todas as transações ficam registradas para sempre, sem chance de alteração.

Para validar essas transações, ocorre um processo chamado **mineração**. Computadores ao redor do mundo resolvem problemas matemáticos complexos para garantir a segurança da rede e, em troca, são recompensados com Bitcoins. Parece um jogo, né? Mas um **jogo caro**, porque exige muito poder de computação e energia.

Ah, e sobre a mineração de Bitcoin: não é só ligar o computador e esperar o dinheiro cair do céu! O processo fica cada vez mais difícil, porque o próprio sistema ajusta a complexidade para manter a escassez. Além disso, essa brincadeira consome uma quantidade absurda de energia – tem mineradora que gasta mais eletricidade do que países inteiros! Sem falar no tal do *halving*, um evento que corta pela metade a recompensa dos mineradores a cada quatro anos, deixando o Bitcoin ainda mais raro. Ou seja, não é um jogo infinito de moedinhas douradas caindo do céu.

Onde guardar seus Bitcoins

Agora, guardar Bitcoins também tem suas manhas. Num cenário ideal, você guarda[13] seus Bitcoins com você mesmo, a chamada **autocustódia**. Para isso, você precisa de uma **carteira digital**, que pode ser um aplicativo no celular ou em um aparelho destinado a este fim (caso você tenha bastante dinheiro em criptomoedas). O detalhe mais importante é a sua **chave privada**. Essa senha é o

---

13 Na verdade, o Bitcoin em si nunca sai do blockchain. O que a gente "guarda" de verdade é a chave privada, uma espécie de senha que permite a transferência de Bitcoins de uma carteira para outra.

único jeito de acessar seus Bitcoins, e se você perder... já era! É tipo esquecer a senha e a localização do cofre onde está guardado seu tesouro. Não tem nem com quem reclamar.

Mas vamos falar da vida real: estamos cansados de ouvir histórias de pessoas que perderam a senha dos Bitcoins. Para a maioria das pessoas, talvez a melhor solução seja deixá-los na *Exchange,* empresa que compra e vende criptos. Ou investir por meio dos ETFs de Bitcoin.

A comunidade cripto tradicional odeia essa ideia e repete o mantra:

"Not your keys, not your Bitcoin" (Se a chave não é sua, o Bitcoin também não é). E eles têm razão: já houve golpes e falências de Exchanges, que são casas de câmbio de criptomoedas. Nessas ocasiões, os clientes simplesmente perderam os seus fundos.

Novamente, cabe a você a decisão: guardar em casa é seguro, mas exige uma baita responsabilidade. Deixar para um terceiro fazer é prático, mas nem sempre é seguro. Escolha o seu destino.

Como comprar e vender Bitcoin

Investir em Bitcoins pode ser uma montanha-russa emocionante. O preço sobe e desce sem aviso, deixando muita gente rica e outras arrancando os cabelos. A melhor estratégia é **não entrar no desespero nem na empolgação** e sempre pensar no longo prazo. Afinal, com mais gente usando Bitcoins e grandes empresas de olho, essa moeda digital pode estar só começando sua revolução financeira. Mas lembra: nada de garantias, promessas milagrosas, e exaltação: se resolver entrar no universo cripto, compre sempre de boas *exchanges*. Não mergulhe de cabeça (compre aos poucos), e respeitando o seu perfil de risco.

É possível vender seus Bitcoins a qualquer momento, também via *exchanges*. Caso suas criptomoedas não estejam nelas, basta transferi-los de volta para ela e fazer a conversão para reais. Em questão de minutos você já deve receber o Pix e os reais na conta do seu banco. Mas lembre-se de tudo o que falamos aqui: só se aproveitou desta alta absurda da criptomoeda quem teve nervos de aços e não alfaceou (vendeu) na primeira oportunidade.

Por que o Bitcoin vale tanto

Possivelmente, Satoshi Nakamoto nem soubesse o tamanho da revolução que estava criando. No *whitepaper* original (documento em que o projeto foi apresentado), ele falou do Bitcoin como um "sistema de dinheiro eletrônico ponta a ponta (peer-to-peer)". E de fato, ele funciona assim: pagando uma taxa muito menor do que a dos bancos, você pode enviar dinheiro para qualquer lugar do mundo em poucos minutos, sem precisar de uma instituição financeira ou governo. Mas o Bitcoin se tornou muito mais do que isso. Ele é **uma reserva de valor digital, impossível de ser inflacionada**.

Muita gente questiona: *mas qual é o lastro do Bitcoin?* A resposta está na própria matemática por trás dele. Seu valor vem da escassez e da segurança garantida pela blockchain, que impede fraudes e alterações arbitrárias. Curiosamente, porém, poucos fazem essa mesma pergunta sobre o dinheiro tradicional que, no fim das contas, **não tem lastro algum** além da confiança de que o governo será responsável e não desvalorizará a moeda. Mas se a história já provou algo, é que governos nem sempre tomam as melhores decisões financeiras. Se um país imprime dinheiro demais, sua moeda perde valor, e quem mais sofre são os cidadãos, que veem seu poder de compra despencar. Dizendo de uma forma mais direta: quando o governo gasta demais, você fica mais pobre.

Mas será que o Bitcoin é a melhor alternativa para pagamentos do dia a dia? Nem sempre. Existem criptomoedas mais rápidas e baratas para transações cotidianas. Para isso, até o cartão de crédito ou o Pix podem funcionar melhor.

O que o Bitcoin tem demonstrado ao longo do tempo é que ele funciona muito mais como **ouro digital do que como um meio de pagamento**. Afinal, quem realmente precisa registrar na blockchain a compra de um cafezinho?

Comparado ao ouro, o Bitcoin tem algumas vantagens. Ele é ainda mais escasso, já que seu fornecimento é matematicamente limitado. Além disso, pode ser dividido em frações mínimas, tornando-o acessível para qualquer valor de investimento. Sem contar na sua **portabilidade**: enquanto carregar barras de ouro é complicado e caro, milhões de dólares em Bitcoins podem ser transportados no bolso, armazenados em um simples pen drive ou até memorizados em uma sequência de palavras-chave.

O Bitcoin não tem ainda a mesma credibilidade do ouro, é verdade. E esta é a grande questão: querendo ou não, somos cobaias desse grande experimento de criar uma moeda longe da manipulação estatal. Só de valer alguma coisa já é incrível: imagina então ser usada por fundos de investimento tradicionais do mercado financeiro e até governos, como tem acontecido recentemente?

Diante disso, vale a pena ter Bitcoins? Se você entende o conceito e acredita na sua proposta, faz sentido ter pelo menos um pouco desse ativo na carteira. Mas é preciso cautela: Bitcoin não é um bilhete premiado, e sim um investimento de risco. Quem comprou e segurou ao longo dos anos viu ganhos impressionantes, mas também precisou enfrentar quedas violentas no meio do caminho.

⚠ **O segredo para quem quer investir é não se iludir com promessas milagrosas, comprar aos poucos e nunca apostar um valor maior do que está disposto a perder.**

Quem sabe no futuro a gente olhe para trás e veja o Bitcoin como uma revolução no mundo do dinheiro. Ou talvez ele acabe virando só uma curiosidade nos livros de história. Difícil prever! Mas uma coisa é certa: o fato de uma moeda digital descentralizada ter chegado tão longe já é impressionante. O tempo dirá!

Como investir em dólar

Antes de mais nada, lembre-se: **dólar não é um investimento**, é uma reserva de valor. Sim, ele é mais estável e confiável que o real, mas ainda sofre com a inflação. Desde 2020, por exemplo, a enxurrada de dinheiro emitida pelos governos durante a pandemia fez o poder de compra do dólar cair mais de **20%**!

Então guardar dólar debaixo do colchão ou no banco não é a melhor das ideias. Você até pode investir em fundos cambiais no Brasil, mas isso não é dolarizar de verdade. Quer realmente proteger seu dinheiro em moeda forte? Vamos explorar opções mais inteligentes e simples, que envolvem deixar seu dinheiro **lá fora de verdade** com contas em dólar.

Investindo na renda fixa americana

Sabe o nosso **Tesouro Direto**? Assim como ele, os Estados Unidos têm o *Treasury Direct*, em que dá para comprar os títulos mais seguros do mundo: os do governo americano. O problema? Essa plataforma é exclusiva para cidadãos americanos.

Mas calma! Você pode investir nesses títulos por meio de corretoras americanas que aceitam brasileiros. O único "porém" é que muitos **Treasury Bonds** (os títulos do governo americano) exigem valores iniciais elevados. Uma alternativa mais acessível são os **ETFs de Bonds**, que funcionam como um "combo" de títulos públicos. Aqui vão algumas opções:

- **Curto prazo (até 3 meses)** – Para quem busca segurança máxima:
  > **BIL:** ETF que investe em títulos do Tesouro americano com vencimento em até 3 meses.
  > **SGOV:** Investimentos ultracurtos, focado em liquidez máxima e risco muito baixo.
  > **TFLO:** Similar ao SGOV/BIL, podendo apresentar melhor retorno em determinados cenários, embora tenha uma taxa de administração um pouco maior.

- **Médio prazo (3 a 10 anos)** – Para quem quer um pouco mais de rentabilidade, com um pouco mais de risco:
  > **VGIT, SCHR, SPTI:** ETFs que investem em títulos do Tesouro americano com vencimentos de três a dez anos. Como esses títulos pagam juros por mais tempo, os ETFs tendem a oferecer retornos maiores que os de curto prazo. **Mas atenção**: se as taxas de juros subirem, o preço das cotas desses ETFs pode cair, pois o valor de mercado dos títulos que compõem o fundo será impactado.

Investindo no exterior

Se o seu objetivo é multiplicar seu dinheiro no longo prazo, investir na bolsa americana pode ser uma das melhores escolhas. O mercado dos Estados Unidos abriga algumas das maiores e mais inovadoras empresas do mundo, e um jeito inteligente de aproveitar isso é investir no **S&P 500**, um índice que reúne as 500 maiores companhias daquele país, como Apple, Microsoft, Amazon e Coca-Cola.

Para provar a força desse índice, vale lembrar de um desafio lançado por **Warren Buffett**, um dos maiores investidores de todos os tempos. Em 2007, ele apostou 1 milhão de dólares que algo tão simples como um ETF do S&P 500 teria um desempenho melhor do que os fundos multimercado mais sofisticados de Wall Street ao longo de dez anos. O adversário foi Ted Seides, que escolheu cinco fundos *hedge* que, por sua vez, investiam em diversos outros fundos. Ou seja, era o "combo premium" da elite financeira contra um investimento simples e acessível.

O resultado? Buffett ganhou com folga. O ETF do S&P 500 rendeu **+125,8%**, enquanto os fundos ficaram em meros **+36,3%**. Essa história deixa claro que tentar vencer o mercado escolhendo ações individuais pode ser uma aposta arriscada. Mesmo gestores profissionais com recursos e tecnologia avançada geralmente falham nessa missão ao longo do tempo (sobretudo devido às taxas destes fundos).

Por isso, caso você não queira se aventurar e escolher ações uma a uma, uma estratégia mais simples e eficiente pode ser investir diretamente em ETFs que seguem o S&P 500. Entre os mais populares estão o **SPY, IVV e VOO**, que possuem taxas de administração extremamente baixas, sendo que IVV e VOO cobram apenas 0,03% ao ano. Outra vantagem é que esses ETFs pagam dividendos (em dólar, claro!) a cada trimestre, algo que é raro no Brasil.

No fim das contas, investir em um índice como o S&P 500 é uma maneira prática de se expor ao mercado americano sem precisar fazer apostas individuais. Como o próprio Buffett disse:

> "A melhor coisa que a maioria das pessoas pode fazer é simplesmente investir em um fundo de índice S&P 500 de baixo custo." – Warren Buffett

⚠️Não se esqueça: o S&P 500 é renda variável! Invista em ações e ETFs de renda variável apenas com

<u>dinheiro que não tem prazo para ser utilizado. Caso contrário, o melhor lugar para ele é na renda fixa!</u>

E com isso, a gente finaliza toda a parte teórica do mundo dos investimentos. No capítulo final, você vai aprender a colocar ordem na casa para criar rotinas de sucesso ao investir e uma carteira de investimentos campeã. Vamos nessa?

CAPÍTULO 5

UMA VIDA MAIS PRÓSPERA

DIA 13: ESTRATÉGIAS PARA INVESTIR COM SUCESSO

Diversificação: Por que colocar todos os ovos na mesma cesta é um péssimo plano

"Só diversifica quem não sabe o que está fazendo". Não sei você, mas eu não poderia concordar mais. Afinal, se alguém sabe **exatamente** o que e quando vai subir ou cair, não faz sentido perder parte da rentabilidade espalhando o dinheiro em coisas que rendem pouca coisa ou até darão prejuízo.

A grande questão na frase é: será que existe alguém que **realmente** sabe o que está fazendo? Qual ser humano foi dotado do superpoder de prever o futuro? Infelizmente, eu não conheço nenhum. O ditado mais provável de acontecer é este: quando você faz planos, Deus ri. Então o lance não é ter um plano para que as coisas deem certo. O sucesso tem mais a ver com ter um plano B para quando o plano A não acontece de acordo com o planejado.

Até mesmo os maiores investidores do mundo não sabem o dia de amanhã. E adivinha? Eles diversificam, e muito.

<u>**A diversificação é a grande arma dos ignorantes (de todos nós).**</u>

Diversificar não é falta de confiança – é sinal de **inteligência financeira**. É um jeito responsável e humilde de lidar com o dinheiro. Significa reconhecer que, por mais que estudemos o mercado, não temos controle sobre o futuro. É aceitar que em alguns momentos parte dos seus investimentos pode não performar bem. Mas, ao diversificar, você aumenta suas chances de seguir no jogo sem precisar tomar decisões impulsivas, perder o sono ou encerrar cedo demais os investimentos que podem se valorizar absurdamente no longo prazo.

Quem provou isso de forma matemática foi **Harry Markowitz**, em 1952, com a **Teoria Moderna do Portfólio**. Ele mostrou que um portfólio diversificado pode ter retornos tão bons (ou até melhores) que investimentos individuais, só que com **menos risco** – ou seja, menos sofrimento emocional no caminho.

A verdade é simples: **só não diversifica quem acha que pode prever o futuro**. E quando o tombo vem, aprende da pior forma que isso é impossível.

Por que diversificar: evidências de que funciona de verdade

Diversificação não é só teoria – ela reduz riscos, mas ainda assim possibilitando o crescimento da carteira. Um estudo da

Vanguard analisou carteiras ao longo de 90 anos e mostrou que uma combinação equilibrada entre ações e renda fixa diminui a volatilidade **sem prejudicar os ganhos**.

Um exemplo ainda mais prático: o S&P 500. Historicamente, esse índice entregou um retorno médio de 9-10% ao ano, mas, dentro dele, algumas ações subiram, outras caíram. O que garante retornos consistentes é justamente a diversificação do próprio índice. Isso significa que, ao espalhar seus investimentos, você se protege contra o fracasso de um único ativo e aumenta suas chances de sucesso.

Mais do que números, diversificar traz **paz de espírito** – e isso vale mais do que barras de ouro!

Quando você não está obcecado com a oscilação dos seus investimentos, você ganha saúde, tempo de qualidade com a família, produtividade no trabalho e evita decisões impulsivas que podem ferrar com o seu dinheiro.

O segredo: alocação de ativos

Pense em um time dos sonhos: você não escalaria só atacantes ou só zagueiros, certo? O equilíbrio faz toda a diferença. Nos investimentos, é a mesma coisa. **Alocação de ativos** é a estratégia que define **quanto do seu dinheiro vai para cada tipo de investimento**, buscando a melhor relação entre risco e retorno.

Nos EUA, a regra de bolso é 60% em ações e 40% em renda fixa. Um equilíbrio clássico para quem busca crescimento e segurança. Mas estamos no Brasil. Considere que, no início de 2025, nosso país ostentava o topo do infame ranking dos maiores juros reais do mundo (ou seja, a renda fixa brasileira paga, além da inflação, um juro maior do que qualquer outro país do planeta)! Repare nos nossos companheiros de pódio: a Rússia está em segundo, em plena guerra com a Ucrânia, e a Argentina ficou com o bronze, mesmo vindo de incontáveis crises econômicas. Parabéns aos envolvidos!

Do ponto de vista dos negócios, juros altos são algo horroroso: receber mais rendimentos para investir desestimula correr riscos ao empreender, até porque o custo do capital fica mais caro. Mas do lado do investidor fica bem mais tranquilo conseguir bons retornos para a sua carteira, sem correr tantos riscos na renda variável (que, por sinal, costuma ser mais arriscada aqui do que na Bolsa americana).

Por essas razões, eu acredito que ninguém deveria ter menos que 50% do patrimônio em renda fixa morando no Brasil. Mas depende muito do seu perfil, da sua experiência e dos seus objetivos.

Outro detalhe importante: ações e renda fixa costumam ter **correlação negativa**, ou seja, **quando uma cai, a outra pode subir**. Isso ajuda a manter sua carteira equilibrada e reduzir sustos desnecessários.

Ou seja, alocação de ativos não é sobre adivinhar o que vai bombar amanhã. Seu portfólio precisa ser como um prédio bem construído – resistente aos tremores do mercado.

Diversificar é muito mais eficiente do que comprar barato e vender caro

Investir pode parecer um jogo de adivinhação para muita gente. Quem nunca ouviu aquela história do amigo do primo do vizinho que "acertou o momento" e ficou rico? Pois é, o famoso *market timing*, a tentativa de acertar o fiofó do mosquito do cavalo do bandido (até hoje eu não boto fé que falei isso quando estive numa gravação na CNN!). A ideia de prever os altos e baixos do mercado parece tentadora. Mas será que funciona? A ciência diz que **não**.

Se você quer ter sucesso nos investimentos, precisa focar no que realmente faz diferença. E acredite: a alocação de ativos é o fator número um!

Um estudo de Brinson, Hood e Beebower mostra que a alocação de ativos explica entre **77% e 92% dos retornos**, enquanto o *market timing* tem um impacto **mínimo** no longo prazo.

A estratégia do DCA: investir aos poucos faz toda a diferença

O que funciona de verdade: **investir um pouco todo mês**, sem tentar prever o mercado. Isso reduz os impactos das oscilações e melhora seus retornos no longo prazo. Quando você faz aportes regulares, acaba comprando ativos em diferentes momentos do mercado, evitando o erro de investir tudo nas máximas de preço.

Essa estratégia é conhecida como **Dollar Cost Averaging (DCA)**. A ideia é simples: investir um pouco todo mês, sem esquentar a cabeça com o sobe e desce do mercado. Comprar na baixa, comprar na alta... No fim, o preço médio se ajusta e o jogo vira a seu favor. Ou seja:

- Quando os preços estão **altos**, você compra **menos unidades**.
- Quando os preços estão **baixos**, você compra **mais unidades**.
- No fim das contas, seu preço médio de compra fica equilibrado – sem precisar acertar o "momento certo" – o que, convenhamos, é impossível.

Por que o DCA funciona?

Evita o risco de comprar tudo no topo – Como você divide seus aportes ao longo do tempo, reduz a chance de investir tudo no momento mais caro.

Aproveita as quedas do mercado – Se os preços caem, você compra mais ativos a um preço menor, aproveitando o desconto.

Tira a emoção do processo – Você investe de forma automática e disciplinada, sem ficar refém das oscilações do mercado.

Funciona bem para o longo prazo – Acumulando ativos de forma constante, seu investimento cresce com o tempo e se beneficia do efeito dos juros compostos.

Ou seja, **invista sempre que puder** em bons ativos, sem se preocupar em adivinhar o que está "caro" ou "barato". O mercado é imprevisível e até os melhores erram (e o pior é que erram com uma confiança absurda!). Se fosse tão fácil acertar o melhor momento para comprar ou vender, eu mesmo estaria escrevendo essas linhas da minha ilha particular, não do escritório da minha casa.

O melhor caminho é diversificar, ter um plano sólido e parar de se estressar com os altos e baixos do mercado. Então da próxima vez que alguém aparecer com aquela "dica quente" sobre quando comprar ou vender, respire fundo e lembre-se:

> **<u>Investir bem não é sobre acertar o amanhã.</u>**
> **<u>É sobre construir um futuro em que você</u>**
> **<u>não precise se preocupar com ele.</u>**

O problema do risco sistêmico: quando tudo cai junto

Sabe aqueles momentos em que parece que nada escapa da crise? Isso é o chamado **risco sistêmico** – quando a economia inteira entra em colapso. Aconteceu em **2008**, com a bolha imobiliária nos EUA, e em **2020**, com a pandemia. Nesses períodos, não importa quantos ativos você tenha, **quase tudo desaba** (pelo menos no curto prazo).

Mas calma! Isso não significa que a diversificação é inútil. Estudos da Bridgewater Associates, de Ray Dalio, mostram que diferentes classes de ativos reagem de maneiras distintas às crises. Por exemplo:

- Ouro tende a se valorizar pouco tempo depois do início de um pânico.
- Dólar costuma subir quando há crises locais.

- Renda fixa de qualidade pode proteger parte do seu patrimônio.

Desta forma, se você tem estes ativos na sua carteira, é mais provável que as quedas do seu portfólio sejam menores e se recuperem mais rapidamente, após grandes crises.

Então, diversificar não é só comprar várias ações, mas sim distribuir investimentos entre diferentes classes de ativos – como ações, renda fixa, ouro e investimentos internacionais. Isso garante que, mesmo nas piores crises, alguma parte do seu portfólio esteja protegida.

O poder de uma carteira diversificada

Se você coloca 50% do seu dinheiro em uma única ação, torcendo para que ela "exploda", está em um jogo extremamente arriscado. Sim, existem casos como Apple e Amazon que tornaram alguns investidores milionários. Mas, para cada Apple, existem dezenas de empresas que faliram no caminho.

A solução? Nunca coloque mais do que 2% ou 3% do seu patrimônio em uma única ação.

Claro, a ideia é que algumas das ações da sua carteira cresçam muito e ultrapassem essa porcentagem ao longo do tempo. Mas veja o lado bom: esse crescimento não saiu do seu bolso – foi o próprio mercado que valorizou seu investimento!

Hoje quem puxa o bonde do S&P 500 são as Sete Magníficas: Amazon, Tesla, Google, Meta, Microsoft, Apple e

Nvidia. Certamente, várias outras têm apresentado um desempenho negativo. Essa é a grande lição da diversificação:

Talvez mais da metade do seu portfólio não tenha retornos extraordinários, mas algumas poucas ações podem compensar (e muito!) qualquer prejuízo.

Se um ativo despenca, mas você tem 20 ativos diferentes (de setores diferentes e bem distribuídos), sua carteira não sofre tanto. Se um deles decola, ele impulsiona todo o seu patrimônio.

- Um exemplo real: Jeff Bezos, fundador da Amazon, sempre disse: **Uma única grande aposta pode pagar por todas as pequenas perdas**. Quem investiu na Amazon nos primeiros anos viu retornos absurdos, mas também precisou aguentar quedas de até 90% em certos períodos.

E sabe o que é mais curioso? A Amazon **nunca** pagou dividendos! Desde 1997, a Amazon prioriza o reinvestimento de seus lucros no crescimento do negócio, sem distribuir dividendos.

Ou seja, diversificar não é só segurança, é uma estratégia para capturar grandes oportunidades sem se expor a falências catastróficas.

Moral da história: se você diversifica, protege-se dos fracassos e ainda tem a chance de acertar as grandes vencedoras.

O equilíbrio perfeito: a estratégia do portfólio permanente

Se tem uma coisa que ninguém consegue prever, é o futuro do mercado. Foi pensando nisso que o economista e investidor Harry Browne, nos anos 1970, criou a **estratégia do Portfólio Permanente** – um modelo de investimentos feito para resistir a qualquer cenário econômico.

A ideia é simples: independente de estarmos vivendo crescimento, recessão, inflação ou deflação (no Brasil?!), sempre haverá um ativo protegendo seu patrimônio.

O portfólio permanente é dividido em **quatro classes de ativos**, cada uma desempenhando um papel fundamental em diferentes cenários:

- **25% ações** – Para crescer em tempos de prosperidade.
- **25% ouro** – Proteção contra inflação e crises. A propósito, enquanto escrevo, o ouro está em suas máximas históricas.
- **25% renda fixa de longo prazo** – Para momentos de recessão.
- **25% dinheiro (ou títulos de curto prazo)** – Para segurança e liquidez.

Por que essa estratégia funciona?

Estudos analisaram a performance do portfólio permanente entre 1972 e 2012. O resultado mostrou retorno médio de 9,5% em dólar ao ano, com baixíssima volatilidade.

Dados do PortfolioCharts.com mostram que, entre 1978 e 2022, essa estratégia sofreu quedas muito menores do que um portfólio 100% em ações e se recuperou mais rápido nas crises. Em momentos de pânico, como o *crash* de 1987, a bolha da Nasdaq em 2000 e a crise de 2008, o portfólio permanente teve menor volatilidade.

Como adaptar o portfólio permanente para a realidade brasileira?

No Brasil, a estratégia exige algumas mudanças, já que os títulos públicos de longo prazo são mais voláteis, o real é uma moeda mais fraca e a nossa renda fixa costuma pagar mais. Uma versão ajustada poderia incluir:

- **25% ações** – Empresas **lucrativas e diversificadas** na bolsa brasileira + **IVV** (ETF que replica o S&P 500 nos EUA).
- **25% ouro** – Via **IAU** ou **GLD**, ou compra direta de ouro físico. Se você gostar, pode incluir um percentual aqui de Bitcoin.
- **25% renda fixa** – Tesouro IPCA+ longo ou títulos privados conservadores de maior prazo, de bons bancos.
- **25% caixa ou CDI** – **CDBs de liquidez diária** e **Tesouro Selic**, garantindo segurança e acesso rápido ao dinheiro.

Ajustando o portfólio permanente ao seu perfil de risco

O portfólio permanente é uma estratégia sólida, mas não precisa ser engessado. Dependendo do seu perfil de risco, idade e objetivos, pode ser interessante alterar os percentuais para equilibrar crescimento e segurança.

Por que a idade importa? Conforme você envelhece, faz mais sentido reduzir o risco, porque as perdas impactam mais o patrimônio acumulado. E, claro, o tempo para recuperação é menor antes da aposentadoria.

A grande sacada

Esse modelo garante que, não importa o que aconteça na economia, sempre haverá uma parte do seu portfólio protegendo seu patrimônio.

- Se a bolsa sobe, ações impulsionam os ganhos.
- Se vem crise ou inflação, o ouro segura as pontas.
- Se o país entra em recessão, a renda fixa de longo prazo ajuda a equilibrar a carteira.
- E se precisar de dinheiro rápido? O caixa garante liquidez imediata.

Ou seja, essa estratégia transforma seu portfólio **em uma fortaleza**, preparada para qualquer tempestade do mercado!

Prosperando em meio ao caos: guia de sobrevivência na selva da renda variável

Se você quer se dar bem na renda variável, precisa entender uma coisa: o caos é a **única** certeza. O mercado financeiro não se move em linha reta; ele oscila, despenca e, antes de disparar, machuca e não te liga no dia seguinte. Quem não entende esse jogo acaba se desesperando, tomando decisões ruins e saindo no prejuízo.

Mas aqui vai o segredo: o caos não é seu inimigo. Pelo contrário, ele é seu maior aliado. As maiores fortunas são construídas nas crises. Os investidores mais inteligentes analisam as quedas e verificam: são causas temporárias ou problemas graves?

Caso seja algo passageiro, eles veem as quedas como liquidações e as oscilações como oportunidades de multiplicação. Isso não significa sair torrando todo o dinheiro sempre que o mercado despenca – afinal, ele pode cair ainda mais. Mas quem continua comprando enquanto a maioria foge está no caminho certo (se puder, é claro).

Então, como vencer esse jogo e prosperar no meio dessa aparente loucura? Aqui está o código de sobrevivência:

1) Curto prazo e renda variável não combinam

Regra número um: se você vai precisar do dinheiro em breve, ele não pertence ao mercado de ações.

O motivo é simples: no curto prazo, tudo é imprevisível. Você pode investir hoje e ver seu patrimônio cair 30% amanhã por causa de uma crise passageira. Se precisar resgatar nesse momento, vai amargar um prejuízo desnecessário, e sair achando que a Bolsa é cassino.

Olha este exemplo: entre 1950 e 2024, o S&P 500 enfrentou extremos de -37% (na crise de 2008) e +52% (em 1954). Isso não é para cardíacos! Aliás, como diria Galvão Bueno, "Haja coração, amigo!" Mas aqui vem o detalhe que separa os vencedores dos desesperados: historicamente, quem manteve seus investimentos por pelo menos 20 anos **nunca** teve retorno negativo, nem mesmo se tivesse comprado no pior momento possível. Ainda que não seja possível garantir isso no futuro, o passado nos diz muita coisa, não é?

2) O mercado é um cassino no curto prazo, mas uma usina de riqueza no longo prazo

Se você olhar para um gráfico de ações no curto prazo, verá um sobe e desce caótico, impossível de compreender. Mas quando amplia a visão e analisa décadas, algo incrível acontece: **os preços acompanham o crescimento dos lucros das empresas.**

Quer um exemplo real? Se você tivesse investido mil dólares no S&P 500 em 1980 e simplesmente esquecido esse dinheiro lá, hoje teria cerca de **156 mil dólares** (156 vezes, portanto). Isso aí, mesmo com todas as crises pelo caminho. A inflação em dólar no período foi de 300% (três vezes), então o lucro foi absurdo.

Agora, se tivesse tentado adivinhar os momentos certos de entrar e sair do mercado, provavelmente teria perdido grande parte desse crescimento.

O mercado premia a paciência. A habilidade de comprar e vender no curto prazo, além de ser extremamente difícil e improvável para quase todos os investidores, não é importante para se dar bem na bolsa. Ainda bem!

3) O caos é seu aliado

Aqui está a grande diferença entre investidores bem-sucedidos e amadores: os primeiros veem crises como oportunidades, enquanto os segundos entram em pânico e saem correndo.

Exemplos reais:

- Em **2008**, no auge da crise financeira, Warren Buffett preservou uma parte importante do caixa de sua empresa. Mas investiu bilhões em empresas como Goldman Sachs e General Electric, enquanto todo mundo entrava em pânico.
- Em **2020**, na crise da pandemia, quem teve coragem de comprar ações enquanto o mercado despencava viu retornos impressionantes em poucos anos.

Eu vivi isso na pele no começo da pandemia! O caos tomou conta. Entre 9 e 18 de março de 2020, a Bolsa Brasileira (B3) travou **seis vezes** com o famoso *circuit breaker*. Era como se tivessem puxado o freio de emergência do trem financeiro – pura loucura.

E foi nesse turbilhão que vi um dos maiores fundos imobiliários de shoppings do Brasil, o XPML11, cair quase **50%** na bolsa.

A queda fazia sentido: com a pandemia e os *lockdowns*, os shoppings enfrentariam um cenário tenebroso. Sem clientes, os lojistas teriam enormes dificuldades para pagar os aluguéis – e, sem esses pagamentos, os investidores ficariam sem seus proventos mensais.

Parei e pensei: será que é o fim do mundo mesmo? Porque se for, tanto faz onde meu dinheiro está. Mas se não for, essa pode ser uma boa oportunidade. Com o mundo continuando, será que os shoppings não voltariam a funcionar? Será que pessoas como a minha esposa iriam simplesmente deixar de bater perna no shopping quando tudo voltasse ao normal? **Claro que não!** Na verdade, voltar à vida normal seria ainda mais prazeroso.

Com essa lógica, decidi comprar. E não foi um aporte qualquer, foi maior do que o normal. Mas só fiz isso porque eu não precisava daquele dinheiro no curto prazo. E estava preparado para ficar sem os proventos do fundo por um tempo.

O resultado? Comprei cotas a preços que talvez nunca mais se repitam.

Se você já passou por algo assim, sabe como é **absurdamente difícil** comprar quando tudo está desmoronando. A TV só fala da crise, as redes sociais estão caóticas, amigos e parentes estão de cabelo em pé. E o pior: você está investindo em algo que ninguém quer, que só tem caído. Como justificar para si mesmo (ou pior, para o seu cônjuge) uma decisão aparentemente tão irracional?

Nestas situações, pensar friamente e estar financeiramente preparado fazem toda a diferença. Cuide apenas para que você não *precise* estar certo da sua decisão, afinal, pode cair ainda mais. Estar dentro do jogo não significa pular de cabeça.

4) Como se preparar para o jogo

Investir em renda variável não é para quem busca dinheiro rápido, e sim para quem entende que o mercado se move em ciclos, que crises fazem parte do jogo e que o verdadeiro patrimônio é construído no longo prazo.

Para prosperar, é essencial lembrar que no curto prazo tudo pode parecer uma loteria, mas no longo prazo a tendência é de crescimento. Jamais arrisque o dinheiro que poderá precisar em breve, pois ninguém sabe como será o futuro e você pode ser obrigado a vender no pior momento.

Diversificar é fundamental para reduzir riscos e aumentar oportunidades, e, acima de tudo, é preciso encarar as crises como chances de compra e não como justificativas para fugir. Quando tudo parecer um caos, manter a calma e seguir um plano consistente será a chave para o sucesso. O mercado está em movimento, e quem não estiver preparado será engolido.

No fim do dia, o mercado não perdoa quem está despreparado. Você vai surfar a onda ou ser engolido por ela?

DIA 14: COMO MONTAR UMA CARTEIRA DE INVESTIMENTOS NA PRÁTICA

Como montar minha carteira de ações na prática

Agora que você já pegou o jeito dos investimentos individuais, chegou a hora de juntar as peças e fazer seu dinheiro trabalhar por você! Bora montar sua carteira de ações de um jeito simples e sem enrolação?

> ⚠ Segure a emoção antes de sair comprando ações! Primeiro, garanta sua reserva de emergência na renda fixa. E lembre-se: qualquer dinheiro que você já sabe que vai precisar em breve também deve ficar lá, seguro e tranquilo.

Rebalanceando sua carteira (do jeito certo)

Imagine que você montou uma carteira com dez ações, cada uma com 10% do dinheiro que você destinou para a renda variável. Tudo lindo no começo. Mas o mercado é tipo um mar agitado, as ondas sobem e descem, e o preço das ações muda o tempo todo.

Com o tempo, algumas ações vão subir e outras vão cair. Isso significa que aquele equilíbrio inicial (10% para cada ação) já era! Algumas vão ocupar um espaço maior na sua carteira, enquanto outras vão encolher. Se você não fizer nada, sua carteira vai ficando cada vez mais desbalanceada.

E agora? Bom, muita gente tenta resolver isso do jeito tradicional: vende parte das ações que subiram e usa o dinheiro para comprar as que caíram. Faz sentido à primeira vista, né? Mas na prática, isso pode ser um tiro no pé.

Peter Lynch, um dos maiores investidores da história, explica bem esse erro:

Quando você vende suas boas empresas e aporta nas perdedoras, é como regar as ervas daninhas e cortar as flores.

Pensa só: você tem uma ação de uma empresa incrível, lucrativa, eficiente e que está crescendo. Ela sobe de preço porque mais investidores percebem o potencial dela. E aí você vai lá e vende... Sim, garantiu um lucro, mas também abriu mão de continuar sendo sócio dessa empresa promissora a um preço que talvez nunca mais se repita.

Sem falar que ficar comprando e vendendo ações o tempo todo gera taxas, impostos e ainda pode acabar diminuindo seus ganhos no longo prazo. Novamente, o próprio Peter Lynch com vocês:

> Eles pensam que é uma aposta. Eles vão em frente e apostam em uma ação por uma semana e meia, ela sobe e eles ganham dois dólares nela, então eles vendem e compram outra coisa. Quando se passam três anos, tudo o que eles fizeram foi gerar muitas corretagens. Provavelmente perderam dinheiro. Isso é um erro.

Faz sentido, né? A ação que você vendeu porque valorizou poderia ter sido justamente aquela que mudaria sua vida financeira se você a segurasse por mais tempo.

Como não ser frágil na hora de investir

Vamos falar sobre **antifragilidade** nos investimentos. Já ouviu esse termo? Basicamente, a ideia é se fortalecer com o caos, e isso pode ser um grande trunfo na hora de aplicar seu dinheiro.

Lembra daquela regra de não colocar mais que 2% ou 3% do seu patrimônio total em um único ativo? Pois é, se der ruim, você perde pouco. Dá uma dorzinha? Dá. Mas você continua no jogo. Mas se der bom, o ganho pode ser enorme – claro, desde que você não tenha vendido antes da hora.

E aqui entra um ponto crucial: vender o tempo todo é um jeito certeiro de **corroer** seus ganhos com taxas e impostos. Até os profissionais sofrem com isso! Então a estratégia de comprar e *guardar* pode parecer entediante, mas tem um poder absurdo. E o melhor? Não exige nenhuma habilidade técnica – só autocontrole e paciência (o que já é um baita desafio, eu sei).

O economista Paul Samuelson resumiu bem essa filosofia:

Investir deve ser mais como ver a tinta secar ou assistir a grama crescer. Se você quer adrenalina, pegue 800 dólares e vá para Las Vegas.

Você pode estar se perguntando: "Mas não preciso reequilibrar minha carteira de tempos em tempos?" Sim! Só que ficar vendendo o tempo todo pode fazer você se desfazer de ativos valiosos e ainda aumentar seus custos. No longo prazo, isso significa menos patrimônio acumulado.

E como resolver isso? Simples: em vez de vender, eu faço um tipo de **rebalanceamento na compra**. Assim ajusto minha carteira sem precisar me desfazer de ativos bons.

Balanceando a carteira do jeito certo

Em vez de vender as ações que subiram, que tal usar seus novos aportes para reforçar aquelas que ficaram abaixo da meta da sua carteira? Assim, sem precisar entrar no jogo das emoções, você mantém tudo equilibrado de forma natural.

Isso elimina o estresse de tentar adivinhar se uma ação está cara ou barata. Você simplesmente continua comprando, focado no longo prazo. Além de economizar tempo, suas decisões se tornam mais racionais, sem ser refém das loucuras do mercado.

O melhor: quando você investe mais naquilo que está mais distante do seu alvo, indiretamente acaba comprando ativos que caíram. Ou seja, você compra na baixa sem nem precisar conferir o preço! Legal, né?

Sem contar que isso te dá mais paz de espírito. Você investe com estratégia, sem se desesperar com as oscilações diárias. Dessa forma, você pode seguir comprando, mantendo o foco nos seus objetivos de longo prazo.

Parece simples? Porque é! Mas isso não significa que seja fácil. O maior desafio será manter a disciplina de investir regularmente e, sempre que possível, aumentar seus aportes. Afinal, é assim que o jogo vira!

Passo 1: alocação para cada classe de ativo

Montar sua carteira de investimentos pode ser mais simples do que parece. O primeiro passo é definir a alocação para cada classe de ativo, começando pelo percentual de segurança, ou seja, quanto do seu dinheiro ficará em renda fixa.

Esse percentual varia conforme sua experiência no mercado, seu perfil de risco e seu momento de vida. Para a maioria das pessoas, um mínimo de **50% em renda fixa** é uma boa base.

> ⚠ Se você está começando, melhor ir devagar: uns 5% do seu patrimônio em ações ou até menos. O foco inicial é proteger o dinheiro, para só depois assumir riscos maiores.

Para facilitar nosso estudo, vamos deixar apenas três classes: além da renda fixa, vamos colocar também renda variável e investimentos no exterior. Defina o percentual para cada um deles. Lembrando que todos os números e ativos que vamos ver na sequência são apenas **exemplos**! Não copie, porque certamente não serão adequados a você (se tiver dúvidas sobre o porquê disso, volte ao **Dia 2** para relembrar).

Vamos supor que você pretende montar uma carteira com: 50% de renda fixa, 25% de renda variável e 25% de investimentos no exterior.

Dica 1: preparei uma **planilha gratuita** para te ajudar a organizar e controlar seus investimentos! Você pode acessar através do QR code ao lado ou em **dinheirocomvoce.com.br**.

Dica 2: mantivemos só três classes para simplificar, mas você pode personalizar a planilha como quiser! Quer adicionar **reserva de valor** ou criar uma aba para **fundos imobiliários**? Fique à vontade para adaptar ao seu estilo de investimento, inclusive caso deseje aplicar **o portfólio permanente, que vimos no dia anterior.**

Passo 2: renda fixa – planejando e acompanhando seus investimentos

Na segunda aba da sua planilha, dedicada à renda fixa, você vai registrar os investimentos nessa categoria e definir a porcentagem que cada um terá na sua carteira de renda fixa. Basta listar os investimentos que já tem ou deseja ter e, na coluna "Valor Atualizado", preencher com o valor do investimento no momento do controle. A planilha identifica automaticamente quais ativos estão mais distantes dos seus objetivos e aponta qual será o ideal para o próximo aporte. Como, por exemplo: "Na próxima oportunidade, invista em TESOURO IPCA+"

Passo 3: renda variável – planejando e acompanhando seus investimentos

Antes de sair comprando ações, é importante definir em quais setores você quer investir. Alguns setores são muito procurados por investidores de longo prazo, porque são resistentes e costumam pagar bons dividendos, como energia, saneamento, bancos e seguros. Já setores como o imobiliário e o de commodities são mais sensíveis à economia, taxas de juros e inflação, exigindo um olhar mais atento. Outros setores, como o **aéreo** e o **varejista**, podem ser verdadeiros pesadelos, pois costumam ter margens apertadas e muitas dívidas. Mas, no fim das contas, o dinheiro é seu e a decisão também.

Filtrando as melhores opções na renda variável

A B3 tem centenas de empresas, mas quando você define os setores, já reduz bastante a lista de ações para analisar. Suponha que você queira investir no setor bancário. O próximo passo é pesquisar as empresas dessa área e avaliar seus fundamentos. Sites como o **Investidor10** oferecem ferramentas úteis para comparar indicadores fundamentalistas entre empresas do mesmo setor, facilitando a escolha.

Acompanhando seus investimentos de renda variável

Na coluna "Investimento" da planilha, você coloca o *ticker* (o código) da ação ou do fundo imobiliário e ela busca automaticamente a cotação atual. Ao preencher a quantidade de ações que possui, o "valor atual" já é calculado. Depois basta definir quanto deseja ter em cada ativo na coluna "Objetivo (%)".

A coluna "Participação (%)" mostra qual ativo está mais distante do objetivo e a planilha indica para onde deve ir o próximo aporte. No exemplo, o ativo BBAS3 está mais abaixo da meta do que as demais ações, então a planilha sugere um ajuste no próximo investimento: "Na próxima oportunidade, invista em BBAS3".

Passo 4: controlando os investimentos no exterior

O mesmo raciocínio vale para a aba "Exterior". Você só precisa preencher as células amarelas com o *ticker*, a quantidade e o objetivo para cada investimento internacional.

No exemplo, a planilha sugere a compra de BRK.B, da Berkshire Hathaway, empresa de Warren Buffett: "Na próxima oportunidade, invista em BRK.B".

Curiosamente, o próprio Buffett recomenda investir na economia americana via ETF do S&P 500, como vimos no **Dia 12**. Mas se quiser escolher os ativos individualmente, a decisão é sua.

Passo 5: mas afinal, o que comprar no mês?

Nossa planilha básica tem três abas, uma para cada tipo de ativo. Mas como escolher onde investir no mês? A planilha também faz isso para você.

A aba "Carteira" consolida os valores e identifica qual classe de ativos está mais desbalanceada. No nosso exemplo, foi o Tesouro IPCA+, então a planilha sugere esse investimento para equilibrar a carteira.

Isso elimina as dúvidas comuns na hora de investir: será que está caro ou barato? Será que agora é hora de ir para a Bolsa ou para a renda fixa?

Quanto tempo essa análise tomaria todo mês? Com a ajuda da planilha, esse tempo fica livre para você usar com o que realmente importa: curtir a vida, descansar ou até gerar mais renda para aumentar seus aportes.

Relembrando o caminho para investir com inteligência

Investir não é sorte, não é aposta e definitivamente não é um esquema para enriquecer da noite para o dia. O segredo dos investidores de sucesso não está em achar o investimento perfeito, mas em construir um portfólio sólido, equilibrado e alinhado com seus objetivos. Vamos relembrar alguns conhecimentos que tivemos acesso ao decorrer do nosso livro?

Os maiores erros dos investidores
- **Apostar no investimento da moda** – Seguir a manada quase sempre leva a comprar na alta e vender na baixa.
- **Focar só no retorno, ignorando o risco** – Quanto maior a promessa de lucro, maior o risco escondido.

- **Não diversificar** – Colocar muito dinheiro em um único investimento é o caminho mais rápido para perder tudo.
- **Entrar em pirâmides financeiras e promessas de dinheiro fácil** – Se parece bom demais para ser verdade, é golpe.
- **Viver endividado e tentar investir ao mesmo tempo** – Antes de investir, elimine dívidas caras como cartão de crédito e cheque especial.

Os segredos dos investidores de sucesso

- **Conhecimento antes de ação** – Quem entende onde está colocando o dinheiro toma decisões mais seguras.
- **Diversificação inteligente** – Usar diferentes classes de ativos protege seu patrimônio e reduz riscos.
- **Pensamento de longo prazo** – Investir é um processo contínuo, onde o tempo e a paciência jogam a seu favor.
- **Disciplina e consistência** – O poder dos juros compostos só se manifesta para quem investe regularmente.
- **Gestão de riscos** – Não se expor demais nem de menos, equilibrando segurança e potencial de crescimento.

Como construir um portfólio inteligente

- **Reserva de emergência** – Antes de tudo, tenha dinheiro guardado em aplicações seguras e líquidas.
- **Renda fixa** – Proteção e previsibilidade através de títulos públicos e privados como CDBs e LCIs.

- **Renda variável** – Para multiplicar o patrimônio, incluindo ações, FIIs e ETFs, mas sempre respeitando seu perfil de risco.
- **Reserva de valor** – Ativos como o ouro podem segurar a sua carteira na hora do aperto.
- **Ativos internacionais** – Dolarizar parte dos investimentos protege contra a desvalorização do real.
- **Investimentos alternativos** – Para quem já tem uma base sólida, explorar fundos imobiliários, criptomoedas e outros ativos pode ser interessante.

Investir bem não é sobre prever o futuro, mas sobre criar uma estratégia que funcione independentemente do cenário econômico. O verdadeiro investidor não aposta, não age por impulso e não busca atalhos. Ele constrói riqueza com paciência, conhecimento e disciplina.

- Agora que você tem as ferramentas certas, é hora de usá-las. Comece pequeno, mas comece agora! Seu "eu do futuro" vai agradecer.

Parabéns! Você chegou ao fim... ou será só o começo?

Antes de finalizarmos, meus parabéns por ter chegado até aqui. Imagine como o nosso país seria diferente se todas as pessoas tivessem a disciplina de investir e de buscar conhecimentos em finanças pessoais e investimentos?

Portanto, você faz parte da minoria e eu me orgulho de você! No final da nossa jornada, você já percebeu que investir não é um bicho de sete cabeças — mas também não é um atalho mágico para enriquecer da noite para o dia. Agora você já sabe que paciência, estratégia e consistência são os verdadeiros ingredientes do sucesso financeiro.

Mas calma lá! Fechar este livro não significa que a jornada acabou. Na verdade, ela está só começando. Você já entendeu como o dinheiro trabalha para quem sabe usá-lo, então agora é hora de colocar tudo isso em prática.

Lembre-se: investir é como plantar uma árvore. No começo, você rega, cuida, e parece que... nada acontece. Mas com o tempo aquela pequena mudinha transforma-se numa árvore robusta e cheia de frutos — e, se você fez tudo certo, um dia poderá descansar à sombra dela.

E, por favor, não caia na tentação de ser aquele cara que compra um vaso de plantas, joga água uma vez e, no dia seguinte, se desespera porque a árvore ainda não deu frutos! Tenha paciência. Continue plantando, regando e nutrindo as suas finanças que os resultados virão.

Agora que você sabe como sair do time dos "achistas" e entrar no grupo dos investidores inteligentes, a única coisa que falta é... agir! Porque o pior investimento é aquele que nunca foi feito.

Então que tal começar hoje? O futuro agradece.

Nos vemos no topo!

SE VOCÊ PRECISAR DE MAIS AJUDA PARA INVESTIR

Neste livro, fiz o possível para abordar tudo o que você precisa considerar ao investir. Mas sei que cada pessoa aprende de um jeito. Se você sente que absorve melhor o conteúdo com algo mais prático e dinâmico, tenho **treinamentos em vídeo** que podem te ajudar ainda mais. Eles vão do nível mais básico (incluindo o próprio conteúdo deste livro) até estratégias e treinamentos para investidores mais experientes. Outra vantagem são os espaços para você tirar dúvidas diretamente comigo e minha equipe. Se você chegou até aqui e deseja aprender mais, tenho certeza de que gostará dos nossos treinamentos!

Também entendo que nem todo mundo tem tempo ou paciência para gerenciar seus próprios investimentos. Mas a boa notícia é que, se esse for o seu caso, agora pelo menos você já domina o essencial sobre o assunto! Se você tem dinheiro parado e precisa de um **serviço de consultoria** para te ajudar a investir de forma mais eficiente, minha equipe está pronta para te direcionar para a melhor solução.

Para acessar os cursos e consultorias, basta visitar nosso site: **www.dinheirocomvoce.com.br**.

É sempre um prazer muito grande ter a sua atenção e confiança, tanto aqui no livro quanto nas redes sociais (**@dinheirocomvoce**). Vou adorar saber o que você achou desta obra! Se puder, poste uma foto com o livro e marque nosso perfil – vai ser um prazer compartilhar com a nossa comunidade!

ME SIGA NAS REDES

📷 Instagram: **@dinheirocomvoce**
▶ Youtube: **@DinheiroComVoce**
in LinkedIn: **William Ribeiro - Educador Financeiro**
🌐 **https://dinheirocomvoce.com.br/**

CONHEÇA TAMBÉM

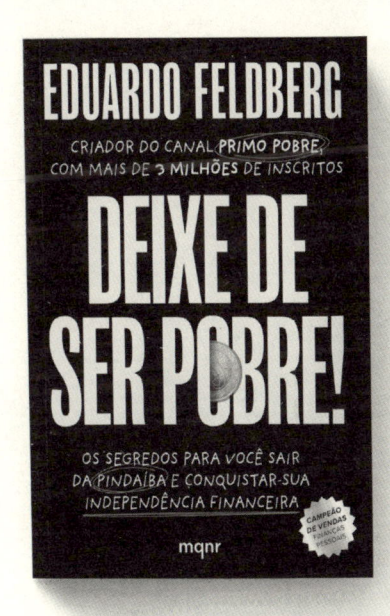

Conheça finalmente os segredos para você sair da pindaíba e conquistar sua independência financeira.

De forma direta e descomplicada, Feldelberg já ajudou milhares de pessoas a acabar com aquela pilha de boletos e reassumir o controle da própria vida financeira.

Brochura | 256 p.
15,5 x 22,5 cm
ISBN: 9786588370988

Neste guia prático e completo, Gabriel Porto ensina passo a passo, cada detalhe da sua jornada como investidor.

Não importa a sua idade ou se você tem pouco dinheiro para investir, este livro te ajudará a criar um plano para antecipar em até 30 anos a sua aposentadoria sem depender do INSS.

Brochura | 224 p.
15,5 x 22,5 cm
ISBN: 9786588370940

Esta obra foi composta por Maquinaria Editorial nas

famílias tipográficas PT Serif e Clarendon URW.

Impresso pela gráfica Plena Print em abril de 2025.